아이의 얼굴에서
건강을 읽는다

KI신서 2374
아이의 얼굴에서 건강을 읽는다

1판 1쇄 인쇄 2010년 4월 25일
1판 1쇄 발행 2010년 4월 30일

지은이 류도균 **펴낸이** 김영곤 **펴낸곳** (주)북이십일 21세기북스
출판컨텐츠사업본부장 정성진 **생활문화팀장** 김선미
기획편집 김순란 **영업·마케팅** 최창규 김용환 이경희 노진희 김보미 허정민 김현섭
출판등록 2000년 5월 6일 제10-1965호
주소 (우413-756) 경기도 파주시 교하읍 문발리 파주출판단지 518-3
대표전화 031-955-2100 **팩스** 031-955-2151
이메일 book21@book21.co.kr **홈페이지** www.book21.com **커뮤니티** cafe.naver.com/21cbook

값 12,000원
ISBN 978-89-509-2327-3 (13590)

이 책 내용의 일부 또는 전부를 재사용하려면 반드시 (주)북이십일의 동의를 얻어야 합니다.
잘못 만들어진 책은 구입하신 서점에서 교환해 드립니다.

아이의 얼굴에서 건강을 읽는다

지은이 류도균

21세기북스

머리말

얼굴은 건강의 창이다

    사랑 중에 가장 위대한 것이 자녀에 대한 부모의 사랑이라는 말이 있습니다. 그만큼 자녀를 낳고 돌보는 부모의 마음은 자녀를 사랑하는 만큼 걱정도 크고 고민도 많지요. 특히 아이가 고열로 아파 식은 땀이 줄줄 흐르고 기침을 동반하며 물 한 모금 제대로 삼키지도 못한 채 지쳐 늘어져 있다면, 그 모습을 보는 부모의 심정은 차라리 자신이 대신 아파주었으면 하는 마음뿐일 겁니다.

    자녀가 아프면 부모는 더 아픕니다. 그래서 아픈 자녀를 데리고 내원하는 부모님들은 아이보다 더 지쳐 있고 궁금한 것도 많습니다. 진료실에서 어머님들과 상담을 하다 보면 "왜……?"라는 말을 많이 듣게 됩니다.

    "왜 우리 아이는 이런 날씨에도 다른 아이보다 훨씬 더 콧물이 더 많이 나는 걸까요? 왜 코 막힘이 더 심할까요?"

"왜 우리 아이는 자꾸 중이염에 걸리고 열까지 나는 걸까요?"
"입 냄새가 왜 이렇게 심해졌을까요?"
"왜 요즘 들어 자주 눈을 비비고 다래끼도 자주 날까요?"
"왜 아토피 피부가 되었을까요? 왜 피가 나도록 긁어댈까요?"
"왜 우리 아이는 감기 때마다 이렇게 목이 부을까요?"

저 역시 한의사이기 이전에 한 사람의 부모로서, 세상 모든 자녀들이 밝고 건강하게 자라기를 바라는 마음으로 어머님들의 질문에 마음을 나눠 성실하게 진료하고 답해드리고 있습니다.

《아이의 얼굴에서 건강을 읽는다》는 평소 부모님들로부터 질문을 많이 받았던 내용을 중심으로 하여, 코와 귀, 눈, 입, 목, 피부 등에서 발생하는 질환의 예방 및 관리에 대한 다양한 정보를, 아이의 어여쁜 얼굴에서 숨은 그림을 찾듯 뽑아 담은 책입니다.

예로부터 '얼굴은 마음의 창'이라고 했습니다. 마음 씀씀이가 얼굴에 고스란히 드러난다는 것이지요. 맞는 말입니다. 마음이 고약한 사람의 표정이 온화할 수 없습니다. 그래서 얼굴만 보고도 어느 정도는 사람의 성품을 짐작할 수 있는 거지요.

여기에 한 가지 더 덧붙이자면, '얼굴은 건강의 창'이기도 합니다. 얼굴 안에 있는 눈, 코, 입, 귀, 피부, 목 등은 건강의 나타내는 신호등으로, 어느 한 부분이 고장나면 신체 전체에 영향을 미치게 됩니다. 특히 면역력이 약하고 한참 성장할 시기의 어린이들에게 얼굴은 아름다움을 위해서라기보다는 건강을 위해 꼭 관리되어야 할 부분입니다.

직접 자녀를 보살피는 부모님께서 하루에도 수십 번씩 보는 자녀의 얼굴을 통해 건강을 읽을 수 있다면 얼마나 좋을까, 하는 생각으로 틈틈이 써내려갔습니다. 이 책을 통해 자녀의 건강을 기원하는 많은 부모님들이 자녀의 얼굴에 나타나는 질병의 신호를 신속하게 파악하고 제때에 잘 대처하여 자녀 건강 관리에 조금이나마 도움을 받으셨으면 하는 바람을 가져봅니다.

아울러 이 책은 올해 제 인생에 큰 기쁨 준, 예쁜 딸의 출생과도 연관이 있어 더욱 의미가 깊습니다. 아들과 딸, 두 아이의 아빠인 제가 의사이기 이전에 부모라는 생각으로, 우리 아이들을 비롯한 모든 아이들이 건강하고 아름답게 성장하기를 바라는 마음을 담았기 때문입니다.

끝으로 이 책이 출간되기까지 함께 애써준 사랑하는 아내와 모든 가족들, 신비한의원 모든 직원과 멀리 신비한의원 필리핀 분원의 최명근 원장에게도 고마움을 전합니다. 특히 늘 학창시절부터 지금까지 정신적 지주로서 격려해주시는 신재용 원장님께 지면을 빌어 다시 한번 깊은 감사의 말씀 올립니다.

이 책과 함께 하시는 여러분들 모든 가정에 기쁨과 행복과 충만한 사랑이 늘 가득하시기를 진심으로 기원합니다.

2010년 4월
신비한의원 대표원장 류도균

Contents

머리말 얼굴은 건강의 창이다

Part 1 코

알아두면 도움이 되는 코의 구조와 기능 12 | 콧물이 뚝 떨어지면 성적도 뚝 떨어진다 16 | 어린이들이 더 많이 걸리는 병, 비염 20 | 어린이 코골이, 그냥 지나치지 마세요 24 | 엄마가 진단하는 증상별 코 질환 28 | 코 질환에 대한 한방적 치료법 32 | 코가 시원해지는 경락 마사지 37 | 코와 호흡기를 튼튼하게 해주는 체조 41 | 코 기능을 되찾아주는 한방 레서피 45 | 코의 기능을 활성화해주는 한방 차 49 | 코 건강, 생활 속에서 잡으세요 51

Part 2 귀

알아두면 도움이 되는 귀의 구조와 기능 56 | 말 안 듣는 우리 아이, 말을 못 듣는 건 아닐까? 60 | 소리 없이 찾아와 소리를 갖고 사라지는 중이염 64 | 염증 수반한 이통, 두뇌에 치명적 상흔 남긴다 67 | 아이들을 괴롭히는 대표적인 귀 질환 71 | 귀 질환에 대한 한방적 치료법 74 | 귀가 시원해지는 경락 마사지 78 | 귀 건강에 도움이 되는 체조와 운동법 81 | 귀 기능을 되찾아주는 한방 레서피 85 | 귀의 염증과 이명을 없애주는 한방 차 88 | 건강한 귀를 위한 생활 수칙 92

Part 3 눈

알아두면 도움이 되는 눈의 구조와 기능 96 | 어린이 시력 관리, 엄마가 해야 한다 101 | 시기별로 체크하는 어린이 이상 시력 104 | 아이들을 괴롭히는 대표적인 눈 질환 108 | 눈이 불편할 때 아이들이 보이는 증상 113 | 눈 질환에 대한 한방적 치료법 117 | 시력이 좋아지는 눈 운동과 체조 120 | 눈이 시원해지는 경락 마사지 124 | 눈 기능을 되찾아주는 한방 레서피 128 | 눈을 밝고 맑게 만들어주는 한방 차 132 | 우리 아이 눈 건강 지키는 생활 환경 만들기 136

Part 4 입

알아두면 도움이 되는 입의 구조와 기능 140 | 충치 개수만큼 성적이 떨어진다 143 | 돌출 입 방치하면 구강 건강 적신호 147 | 아구창 잦으면 성격까지 나빠져요 150 | 잇몸 질환, 노인보다 어린이들이 위험하다 153 | 평생 치아 건강을 좌우하는 6세 영구치 관리 157 | 아이들을 괴롭히는 대표적인 구강 질환 160 | 구강 질환에 대한 한방적 치료법 164 | 두뇌에 활력을 불어넣는 턱 관절 마사지 166 | 충치 예방, 잇몸 튼튼 한방 건강 식품 169 | 구취를 제거하고 입안을 건강하게 해주는 차와 약재 172 | 아이 혀는 건강의 바로미터 174 | 구강 건강 지키는 백기사, 칫솔질 177

Part 5 목

알아두면 도움이 되는 목 주변의 기관들 182 | 목 건강 놓치면 면역력, 집중력 나빠져요 186 | 피곤하면 목부터 쉬는 우리 아이 189 | 잦은 기침 감기, 혹시 천식은 아닐까? 192 | 편식이나 음식 거부가 심하면 편도선염을 의심하세요 197 | 목 질환에 대한 한방적 치료법 200 | 목을 보호하는 생활 마사지 204 | 목 아플 때 따라하기 좋은 민간 요법 208 | 목을 시원하게 하는 한방 건강 식품 211 | 목을 부드럽고 건강하게 해주는 한방 차 215 | 목이 가장 좋아하는 선물, 물 219

Part 6 피부

엄마가 알아야 할 어린이 피부의 특징 224 | 수면 장애와 집중력 저하를 유발하는 피부 가려움증 227 | 어린이들에게 가장 흔한 피부병, 아토피 230 | 아토피를 치료하려면 의식주를 통째로 바꿔라 234 | 소아 여드름 방치하면 성인기까지 계속된다 238 | 아토피 피부염에 대한 한방적 치료법 241 | 피부에 탄력과 윤기를 더하는 경락 마사지 245 | 가려움과 스트레스를 씻어내는 한방 목욕 250 | 아토피 잡아주는 통쾌한 한방 건강 식품 254 | 피부를 촉촉하고 매끄럽게 가꿔주는 한방 차 257 | 아이 피부 특성에 맞는 화장품 고르기 260

Part 1
코

아이가 시도 때도 없이 코감기에 걸리면서 이유 없이 성적이 떨어지곤 한다면, 혹시 코에 문제가 생긴 것은 아닌지 살펴보는 것이 좋다. 많은 부모들이 자녀의 콧병을 단순한 감기로 여기며 대수롭지 않게 넘겨 만성 질환을 야기하고 있기 때문이다. 코는 외부 공기를 들이마시는 1차 호흡 기관이다. 따라서 코 건강이 망가지면 아이의 전반적인 건강이 위협받게 된다. 가장 흔한 비염에서부터 축농증, 코골이, 기타 알레르기 질환, 코 물혹까지, 코가 일으킬 수 있는 문제는 생각보다 많다. 아이의 건강과 성적은 물론, 성격에까지 영향을 미칠 수 있는 코 건강, 어떻게 관리해야 하는지 알아보자.

알아두면 도움이 되는 코의 구조와 기능

겉으로 보기에는 단순해 보이지만, 매우 복잡하고 중요한 구조와 기능을 가진 기관이 바로 코다. 코의 가장 중요한 기능은 공기를 들이마셔 기관지로 들여보내는 통로의 역할이다. 그와 동시에 몸 안으로 들어오는 공기의 온도와 습도를 조절하기도 하고, 먼지나 세균을 걸러내기도 한다. 나아가 냄새를 맡는 일도 하고, 울림 작용을 통해 성대에서 나온 음성에 변화를 주는 공명의 역할도 한다.

사람의 코는 크게 두 부분으로 나뉜다. 겉으로 보이는 외비와 코 안의 공간인 비강鼻腔이 그것이다. 먼저 겉모습부터 살펴보자.

코의 외형은 세 부분으로 나눌 수 있다. 코의 위쪽 3분의 1 부분은 단단한 코뼈로 이루어져 있다. 그리고 가운데 부분은 위 코 연골, 콧날 부분인 아래쪽 3분의 1은 아래 코 연골로 되어 있다. 즉 아래로 내려올수록 부드럽고 말랑하다.

　이처럼 코가 아래로 내려올수록 유연해지는 데에는 과학적인 이유가 있다. 코는 사람의 얼굴 중 가장 돌출되어 있는 부위다. 이것은 외부 공기를 효율적으로 들이마시기 위해서다. 그러다 보니 외부 자극에도 쉽게 노출되고 부상의 위험 또한 높다. 그런데 끝으로 갈수록 부드러운 연골 구조로 되어 있으면, 어딘가에 부딪치더라도 부러질 확률이 줄어드는 것이다. 즉, 돌출이라는 필연성과 부상 방지라는 필요성이 적절한 합의를 이룬 것이 지금의 코 구조인 셈이다.

　매끈한 겉면에 비해 코의 안쪽 사정은 훨씬 복잡하다.

　콧속은 크게 비강과 부비동으로 나뉜다. 비강은 양쪽 콧구멍 안쪽에서 목젖 뒤 비인강까지의 넓은 공간이다. 비강 안에는 조롱박 모양의 살점이 세 쌍 있는데, 각각 상비갑개, 중비갑개, 하비갑개라는 이름을 갖고 있다. 코 건강에 문제가 느껴질 때, 보통 이 비갑개에 문제가 생긴 것으로 보면 크게 틀리지 않는다. 특히 감기를 자주 앓으면 비갑개 조직이 붓거나 커지는데, 이 상태가 지속되면 비갑개가 비대해지면서 비강 속 공간이 좁아진다. 코가 답답하거나 호흡이 곤란하다고 느껴지는 것은 바로 이 때문이다. 또한 비갑개에 염증이 생기면 분비물이 생겨, 이것이 목 뒤로 흘러 넘어가는 증상이 나타나게 된다. 이러한 증상을 보이는 것이 바로 비염이다. 즉 비갑개 구조물에 염증이 생긴 것이라고 이해하면 쉽다.

다음으로 부비동은 코 주위의 뼈 안쪽에서 비강 주위를 둘러싸고 있는 네 쌍의 공기 주머니를 가리킨다. 뺨 부위에 있는 상악동, 이마 부위에 있는 전두동, 두 눈 사이에 있는 사골동, 콧구멍 가장 뒤쪽 뇌 속에 자리한 접형동 등이 그것이다. 각각의 부비동에는 비강으로 통하는 조그만 구멍이 있는데, 여기에 염증이 생기는 질병이 부비동염, 즉 축농증이다.

그 외에 비중격이라 하여 콧구멍을 좌우로 나누는 칸막이격인 뼈가 있다. 코 안에는 여러 개의 동맥이 흐르고 있는데, 특히 비중격 앞쪽 아래에 혈관이 복잡하게 얽혀 있다. 대부분의 코피가 여기에서 난다.

코의 기능은 숨 쉬는 과정을 따라가보면 어느 정도 파악할 수 있다. 가장 먼저, 공기는 콧구멍을 거쳐 둥그렇게 생긴 콧방울 안으로 들어간 뒤 코안뜰이라 할 수 있는 비전정으로 들어간다. 공기는 바로 이곳에서 습기와 온기를 얻어 우리 몸이 받아들이기 좋은 상태로 바뀐다. 이후 공기는 좁은 틈새를 타고 비강까지 들어가는데, 그 사이에는 굵은 코털이 있어 코안뜰에서 걸러내지 못한 먼지 등의 불순물을 물리적으로 제거한다. 이때 코털은 공기 정화 작용을 하는 필터라고 생각하면 된다.

이렇게 비강으로 들어간 공기는 비갑개를 순서대로 지나며 기도로 나아간다. 이때 비강은 공기 정화 장치를 갖춘 에어컨디셔너 역할을 한다. 즉 들어온 공기가 콧구멍으로 바로 들어가지 않고 세 번의 소용돌이를 일으키며 서서히 들어가는 동안, 점액이 풍부한 비점막과 접촉해 좀 더 많은 습기와 온기를 포함하도록 하는 것이다. 여기에 더해 코안뜰에서 미처 제거하지 못한 화학 물질들까지 깨끗하게 제거해 우리 몸에 신선한 공기를 공급해준다.

 냄새를 맡는 후각 수용기인 후상피 역시 비강 윗부분 점막에 분포해 있다. 공기는 보통 비강 아래쪽으로 흘러가지만, 후각을 자극하는 물질은 휘발성이 있어서 가스 상태로 확산되어 점막에 도달한다. 이때 비염이 발병하여 비강에 문제가 생기면 냄새를 제대로 맡을 수 없게 되는 것이다. 냄새를 맡거나 몸속에 깨끗한 공기를 들여보내는 기능만으로도 코 건강의 중요성은 충분히 설명된다.

콧물이 뚝 떨어지면
성적도 뚝 떨어진다

초등학교 5학년인 승민이는 하루 종일 콧물이 흘러내려 공부에 집중을 할 수 없다며 내원한 경우였다. 처음에는 가벼운 감기라고 생각했는데 시간이 지나도 낫지 않고, 나중에는 눈까지 충혈되어 불편이 이만저만이 아니라고 했다. 승민이는 이미 중학교 선행 학습을 시작한 상태였지만, 학원은커녕 학교 수업 시간에도 집중하지 못하고 있었다. 승민이는 전형적인 비염 증세를 보이고 있었던 것인데, 부모님은 코가 문제라는 생각을 전혀 못했던 것이다.

자녀가 하루 종일 책상 앞에 앉아 있는데 성적은 오르지 않고, 유난히 코를 비비거나 훌쩍거리는 일이 잦다면 코 건강을 의심해 보아야 한다. 많은 부모님들이 이런 경우 자녀의 코 건강에 문제가 있다고는 생각지 못하고, 나쁜 버릇이 생겼다며 나무라기만 한다.

코 건강은 자칫 망가지면 아이의 건강 전체를 위험에 빠트리고 성적까지도 뚝 떨어뜨릴 수 있다는 것을 기억해야 한다. 실제로 만성 비염이나 알레르기성 비염, 축농증 등 대표적인 코 관련 질환은 대학 입시를 앞둔 수험생들이 조심해야 할 최대의 적으로 꼽힌다. 왜 그럴까?

고시생이나 수험생처럼 고도의 집중력이나 기억력을 필요로 하는 사람들의 뇌는 활동이 증가하는 만큼 많은 에너지를 요구한다. 더불어 산소 요구량도 함께 늘어나므로 뇌에 충분한 산소를 공급해주는 일이 중요해진다. 그런데 이때 코가 막혀서 입을 벌리고 호흡을 하게 되면 산소 섭취량이 감소되므로, 무의식적으로 많은 공기를 흡입하게 된다. 그러다 보면 자연스레 흉곽의 압력이 높아지고 심장이 압박을 받게 된다. 압박을 받은 심장은 혈액 순환 장애를 일으키게 되고, 결국 뇌로 공급되는 혈액의 양이 감소하는 현상으로 이어진다. 이렇게 되면 혈액을 타고 이동하는 산소도 함께 줄어든다. 결국 코가 건강하지 못하면, 충분한 산소를 필요로 하는 집중이나 기억 등의 두뇌 활동이 둔화되는 것이다.

여기에 콧물, 코 막힘, 재채기 등이 반복되는 상황이라면 문제는 더욱 심각해진다. 코를 훌쩍이고 킁킁대다 보면 집중력이 떨어지고, 자기도 모르는 사이에 성격이 산만해지기 때문이다. 모든 신경이 코로 쏠려 수업 시간에도 집중을 잘 못한다. 비염이 심각한 아이들을 보면 책상 위에 휴지가 수북이 쌓여 있는 경우가 많다. 눈과 머리와 손이 제각각 움직인다는 얘기다. 그러다 보면 당연히 학습 능률이 떨어지고, 성적에도 영향이 올 수밖에 없다.

문제는 여기서 그치지 않는다. 코가 막히면 머리도 막힌다. 뇌로 공급되는 산소가 부족하면 두통이 일어난다. 항상 머리가 무겁고 멍한 느낌이 들어, 공부는 둘째 치고 잠조차 푹 잘 수 없게 된다. 또 숙면을 취하지 못하면 성장 호르몬이 원활하게 분비되지 않기 때문에, 발육과 성장에도 지장을 초래하게 된다. 심하면 밥맛도 사라지고, 뭔가 하고 싶은 욕구조차 줄어든다. 결국 콧병을 제대로 다스리지 못하면, 성적이 떨어지거나 성장에 방해를 받거나 성격이 바뀔 수도 있다는 것이다. 비염을 두고, 장기적으로 보면 삶의 질까지 떨어뜨리는 무서운 질병이라고 하는 것은 바로 이 때문이다.

특히 최근에는 알레르기성 비염이 급속히 증가하고 있어, 어린이들의 두뇌 발달이 심각한 영향을 받고 있다. 실제로 코 막힘은 청소년들보다 어린이들에게 더욱 심각한 문제를 일으킨다. 이미 뇌가 많이 성장한 청소년들의 경우와 달리, 유아나 아동 단계에 있는 어린이들의 뇌는 한창 발달해야 하는 과정

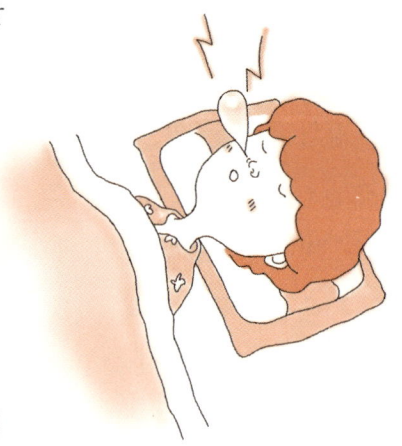

에 있기 때문에, 이 시기에 콧병이 발생하게 되면 뇌 활동이 직접적인 장애를 받을 수도 있다. 특히 기초 지능을 형성하는 신경 회로가 완성되는 3세 전후에 산소 부족을 겪게 되면 두뇌 발달에 지장이 생길 수도 있다.

그러니 자녀가 집중력을 발휘해서 학업 성취를 이루기 바란다면 두뇌에 신선한 산소를 공급해주는 데 신경을 써야 한다. 그러자면 산소 공급의 제1관문인 코가 제 역할을 잘 하고 있는지 수시로 점검해보는 것이 좋다. 아이의 머리를 맑게 하고 집중력을 향상시키는 가장 **빠른** 방법은 코 질환을 없애 건강한 코를 만드는 것임을 기억하기 바란다.

어린이들이 더 많이 걸리는 병, 비염

알레르기성 비염을 앓는 어린이가 부쩍 늘었다. 최근 국민건강보험공단의 발표에 따르면 알레르기성 비염을 앓는 아동 청소년이 4년 전에 비해 1.3배나 증가했다. 특히 4세 이하 영유아의 경우 5명 중 1명이 알레르기성 비염을 앓고 있다고 한다. 하지만 이 시기의 아이들은 어느 곳이 어떻게 불편한지 정확하게 표현하지 못하기 때문에, 발병 사실을 알지 못해 치료에 소홀하기 쉽다.

한방에서는 일반적인 만성 비염을 '비질鼻窒'이라고 하고, 알레르기성 비염을 '비구鼻鼽'라 한다. 그 중 알레르기성 비염은 스트레스나 화로 인해 기가 허해졌을 때나 찬 바람으로 폐에 한기寒氣가 들었을 때, 또는 호흡기나 소화계, 내분비계의 기능이 약해져 면역 능력이 떨어지고 기혈 순환이 잘 안 될 때 심해지는 것으로 본다. 이 같은 상태가 되면 몸 안의 수분 대사가 둔화되고 원기와 음혈이 부족해져 생체 리듬의 조화가 깨지는 것이다.

알레르기성 비염에 걸리면 꽃가루나 낙엽을 비롯한 건초, 집먼지 진드기, 동물의 털, 황사 등 특정 물질에 대해 코 점막이 과민 반응을 보이게 된다. 이때 나타나는 증상으로는 연속적인 재채기, 다량의 맑은 콧물, 코 막힘 등을 들 수 있다. 이밖에도 머리가 무겁거나 두통 증세가 나타나기도 하고, 눈이 빨갛게 충혈되거나 이유 없이 눈물이 나기도 하며, 코 주위가 가렵고 후각이 감퇴하는 등의 증상도 나타날 수 있다.

아이가 재채기를 하고 맑은 콧물을 흘리면서 눈이 가렵다고 하면 일단 알레르기성 비염부터 의심해봐야 한다. 이런 증상은 환절기에 더욱 심해지며, 또 평소 밥을 잘 안 먹거나 편식이 심한 아이, 손발이나 배가 차서 설사를 자주 하는 아이들에게서 많이 나타난다. 이런 경우에는 적당한 보온과 보습, 올바른 식습관이 무엇보다 중요하다. 하지만 어린아이들은 스스로 체온을 관리하거나 컨디션을 조절하지 못한다. 그렇기 때문에 이처럼 환경의 영향을 받는 질환에 취약할 수밖에 없는 것이다.

특히 유아기 아이들은 환절기에 체온 조절을 잘 못하면, 평소 코 질환을 갖고 있지 않더라도 위험해질 수 있다. 이 시기 아이들은 체질적으로 열이 많은데, 이 열은 대개 인체 윗부분에 집중된다. 그런데다 코까지 불편하면 답답함과 갈증을 많이 느끼게 된다. 그러다 보면 찬 청량음료를 찾기 일쑤인데, 이럴 때 청량음료는 오히려 갈증을 심화시키고 코 질환의 증상을 악화시킬 수 있으므로 멀리하도록 해야 한다.

아이들이 외출할 때는 일교차가 심해도 체온 조절을 할 수 있도록 얇은 옷과 외투를 겹쳐 입히고, 바람이나 꽃가루, 황사가 있는 날에는 반드시 마스크를 씌워서 내보내야 한다. 또한 외출에서 돌아오면 반드시 손발을 씻고 양치를 하도록 해야 한다. 그밖에 평소 따뜻한 물을 자주 마시게 하고, 피로가 누적되지 않도록 보살피는 것도 예방책이라고 할 수 있다.

알레르기성 비염을 예방하고 증상을 완화하는 데는 실내 환경을 청결하게 유지하는 일도 중요하다. 그 중 가장 쉬우면서도 중요한 것은 환기다. 많은 부모님들이 청소를 깨끗이 하고 공기정화기 등을 작동시키면 실내 환경을 깨끗이 유지할 수 있다고 생각한다. 하지만 대부분의 경우, 실내 공기보다는 바깥 공기가 더 깨끗하다. 한 연구 결과에 의하면, 실내가 실외보다 10배에서 100배까지 오염도가 높다고 한다.

황사나 꽃가루 날림이 심한 날이 아니라면 하루에 2회 이상 환기를 시켜야 한다. 타이어나 아스팔트 분진이 많이 날리는 대로변이나 오염 물질 배출이 많은 공장 주변이라면, 차량 소통이 적고 배기 가스가 적은 시간을 골라 환기를 시키는 것이 좋다. 물론 공기정화기를 사용하는 것도 도움이 된다. 하지만 공기정화기는 필터 관리를 철저히 하지 않으면 오히려 실내 오염과 세균의 온상이 될 수도 있으니 주의를 기울여야 한다.

비염 관리에는 습도 조절도 매우 중요하다. 특히 아파트 생활이 많아진 요즈음에는 실내 공기가 건조해 비염이 악화되는 경우가 많다. 적정 실내 습도는 40~50% 수준이다. 실내가 건조하다면 가습기를 설치해 습도를 높여주는 것이 좋다. 하지만 차가운 습기는 기관지가 약한 아이에게 오히려 해가 될 수도 있으니, 따뜻한 분무가 가능한 가열식 가습기나 복합식 가습기를 사용하는 것이 좋다.

또 가습기를 너무 오래 틀어두게 되면 습도가 지나치게 높아져 진드기가 번성할 수도 있으니 주의해야 한다. 특히 밤에는 가습 용량을 줄이거나 끄는 것이 좋으며, 가습기와 코는 최소한 1m 이상 떨어져 있어야 한다. 아이의 침대 머리맡에 가습기를 설치하면 가습기에서 분무된 물방울이 바로 호흡기로 들어갈 수도 있으니 주의해야 한다. 가습기를 거실에 설치하고 방문을 열어두거나 실내에 빨래를 너는 것도 좋은 방법이다.

가습기를 사용할 때는 위생 관리에도 만전을 기해야 한다. 가습기 내부는 세균이 서식하기 매우 좋은 습도와 온도의 조건을 갖추고 있기 때문이다. 깨끗하게 관리하기 어렵다면 차라리 사용하지 않는 편이 낫다고 할 만큼, 철저한 관리가 중요하다. 가습기 물통은 하루에 한 번 깨끗한 물로 세척하되, 비누나 락스 같은 화학 세제를 사용해서는 안 된다. 특히 초음파 진동자 부분은 반드시 솔을 이용해 씻어내야 한다.

어린이 코골이, 그냥 지나치지 마세요

아이가 잠을 자다 코를 골거나 깊은 숨을 몰아 쉰다면, 또는 자꾸 잠에서 깨어 칭얼댄다면 숨 쉬는 통로가 좁아져 공기가 잘 통하지 않고 있다는 신호로 보아야 한다. 습관적으로 코를 곤다면 자는 동안 뇌로 공급되는 산소 공급량이 줄어들게 된다. 또한 깊이 잠들지 못하기 때문에, 잠자는 시간이 많아도 피로가 누적된다. 때문에 청소년기 코골이는 학업 성적의 부진과 관련이 있다고 알려져 있다. 특히 습관성 코골이는 만성 피로나 집중력 장애 등을 불러와 학업 성취를 방해하는 중요한 요인이 된다. 특히 초등학교 시절의 이 같은 증상은 공부뿐 아니라 성장에까지 영향을 끼치는 심각한 문제다.

초등학교 6학년인 정윤이는 운동을 좋아하는 아이였다. 축구나 농

구도 좋아하고, 주말에는 수영도 빼놓지 않았다. 그런데 몇 달 전에 다리를 다쳐 깁스를 하면서 모든 운동을 중단하게 되었다. 활동량은 줄어들었는데, 운동을 못하게 되자 스트레스가 쌓여 먹는 양은 늘었다. 당연히 체중이 급격히 불었는데, 그러던 어느 순간부터 코골이가 시작되었다. 정윤이 부모는 스트레스를 받거나 살이 찌면 코를 골게 된다는 얘기를 들은 적이 있어, 다리가 나아 운동을 시작하면 곧 좋아질 것이라며 대수롭지 않게 넘겼다. 얼마 뒤 정윤이는 다리가 완쾌되어 다시 운동을 시작했다. 운동량이 많아지면서 자연스럽게 체중도 줄었다. 하지만 코골이는 호전될 기미가 보이지 않았다.

코골이의 원인은 다양하다. 정윤이 부모님이 알고 있는 것처럼 스트레스나 비만도 코골이의 원인이 될 수 있다. 하지만 정윤이의 코골이는 비염이 원인이었다. 비염으로 콧속에 부종이 생겨 숨길을 막고 있는 상태였다. 성장기 아이들의 코골이는 편도나 아데노이드가 비대해지면서 시작되는 경우도 많다. 아데노이드는 코와 목 사이에 위치하고 있는 편도선의 일종으로, 호흡기의 감염을 막는 역할을 하는 기관이다. 이 아데노이드에 염증이 생겨 붓는 현상을 '아데노이드 비대'라고 하는데, 이로 인해 코골이가 발생하는 것이다. 아데노이드는 5~10세 동안 커지다가 사춘기가 지나면서 서서히 작아지기 시작한다. 아데노이드 비대증은 소아의 30%가 앓을 만큼 흔한 질병이다. 그러니 자녀가 코를 곤다면 비염이나 아데노이드 비대가 아닌지 검사를 받아보는 것이 좋다.

성장기 아이들의 코골이를 방치하면 성장 부진을 비롯한 다양한 부작용을 불러올 수 있다. 그 중 가장 심각한 문제는 코골이가 습관화되면, 잠을 푹 자지 못해 성장 호르몬이 제대로 분비되지 못한다는 것이다. 또한 편도가 비정상적으로 크면 구역질이 잦아지고 음식물을 잘 못 삼켜 영양 섭취도 방해받게 된다. 영양 부족과 성장 호르몬 분비 저하는 성장 부진의 대표적인 원인이다.

계속 숙면을 취하지 못하면 피로가 쌓여 짜증이 늘고 성격이 산만해진다. 심하면 행동과 감정을 조절하는 전두엽의 기능을 감소시켜 ADHD(주의력 결핍 장애)로까지 이어질 수 있다. ADHD는 정서 불안과 함께 학습 능력까지 떨어뜨리기 때문에 한창 공부해야 하는 학생들에게는 치명적인 질환이다.

또한 아데노이드가 비대해지면 숨길이 막혀 코로 숨 쉬는 것이 어려워지기 때문에 자연스레 입으로 숨 쉬는 버릇이 생긴다. 잠을 잘 때뿐 아니라 낮에도 입을 반쯤 벌리고 있는 일이 잦아지다 보면, 얼굴이 '아데노이드형 얼굴'로 변하기 쉽다. 아데노이드형 얼굴이란 얼굴 폭이 좁고 길며, 아래턱이 뒤로 처지면서 입 주변이 돌출된 형태를 말한다. 입의 형태가 이렇게 달라지면 윗니가 많이 보이고 조금만 웃어도 잇몸이 많이 드러나며, 심해지면 위아래 앞니가 어긋나 입을 완전히 다물지 못하게 된다.

하지만 코골이의 더 큰 부작용은 수면 무호흡증이다. 수면 무호흡증이 나타나면 잠자던 중에 한동안 숨을 멈추었다가 갑작스레 콧김을 내뿜기도 하고, 심하면 숨을 헐떡거리거나 잠에서 완전히 깨기도 한다. 또 잠을 자면서도 땀을 많이 흘리고, 계속 심하게 뒤척이며 깊은 잠을 이루지 못한다. 이런 상태가 되면 잠을 충분히 잔 것 같은데도 아침에 일어나기가 어렵고, 눈을 떠도 곧 두통이 찾아오곤 한다. 뿐만 아니라 화를 잘 내고 공격적인 성격으로 변하거나 심하게 투정을 부리기도 한다.

물론 단순히 피곤해서 코를 고는 경우도 있다. 하지만 낮 동안 딱히 피로를 느낄 만한 일을 하지 않았는데도 지속적으로 코를 곤다면 전문가와 상담해보는 것이 좋다. 코골이를 치료하는 데는 여러 가지 방법이 사용된다. 코골이를 방지하는 코클립이나 구강내 장치 등 보조 기구를 활용해 예방하는 방법도 있고, 레이저 수술이나 고주파 수술 같은 치료법도 활용된다. 하지만 아이들에게 보조기를 착용시킨다는 것은 어려움도 많고, 그에 비해 효과 또한 확실하지 않은 방법이다. 아무래도 짧은 시간 내에 효과를 볼 수 있는 치료법에는 수술 요법이 있으나, 이 또한 재발 가능성이 높고 완치가 되지 않아 심리적인 부담이 크다. 따라서 한방 치료를 통해 관리하는 것이 효과적이다. 한방에서는 기혈 순환을 돕는 침술 치료와 약물 복용, 가글 형태로 사용하는 외용약, 코 인두 점막의 외용 치료 등의 방법이 주로 사용되는데, 어느 쪽이든 가장 중요한 것은 근본적인 원인을 찾아 치료하는 것이다.

엄마가 진단하는 증상별 코 질환

잦은 콧물이나 재채기는 원만한 또래 관계를 만드는 데 방해가 되고, 정서 불안을 일으키거나 소심하고 우울한 성격을 만들기도 한다. 아이들의 코 건강이 육체적 성장뿐 아니라 인격 형성이나 대인 관계에까지 영향을 미치는 셈이다. 코가 건강한 아이가 성격도 원만하다는 점을 기억하여, 평소 자녀가 코와 관련된 증상을 보일 땐 세심하게 관찰하도록 하자.

⦿ **코가 답답하고 아파요**

급성 혹은 만성 축농증이나 알레르기성 비염, 종양 등의 경우 나타나는 증상이다. 특히 소아의 경우에는 코 안이 건조할 때도 이 같은 증상을 보인다. 실내가 너무 건조한 것은 아닌지 살펴 습도를 맞추어주고, 함께 나타나는 코 증상이 있을 때는 전문의와 상담하는 것이 좋다.

⊙ 코가 가려워서 손이 자주 가요

비강 내 점막이 건조하거나 알레르기성 비염이 있을 때 이런 증상이 나타난다. 이때 가장 중요한 것은 생활 환경을 조절하는 것이다. 실내를 청결하게 하고 적절한 습도와 온도를 유지해주며, 코에 손을 대지 못하게 해서 2차 감염을 막아야 한다. 구조적 기형이 아니라면 약물 복용이나 코 분무제 등으로 간단히 해결할 수 있다.

⊙ 누런 콧물이 나와요

축농증으로 알려진 부비동염의 주된 증상이다. 부비동이란 앞서 얘기한 대로 우리 얼굴의 양쪽 볼과 이마 등에 위치하고 있는 공기주머니다. 감기를 앓고 난 뒤 이곳에 염증이 생기는 경우가 많다. 급성일 경우에는 누런 콧물과 함께 발열, 안면과 눈 주위의 통증, 두통 등의 증상이 나타난다. 눈 주위가 붓거나 시력이 떨어지는 등의 합병증을 동반할 수도 있으니, 가급적 빨리 치료하는 것이 좋다. 특히 급성 부비동염은 심각한 합병증을 유발할 수 있으니 서둘러 진료를 받아야 한다.

⊙ 코가 자주 막혀요

염증 등으로 코 점막이 부어 있는 상태인 비염이나 축농증, 비중격이 한쪽으로 치우친 경우인 비중격만곡증, 또는 물혹^{폴립}이나 종양 등이 원인이 되어 나타나는 증상이다. 이런 증상에는 혈관수축제를 처방하는 경우가 많은데, 혈관수축제를 장기간 사용하게 되면 코 점막에 내성이 생겨 오히려 심각한 후유증을 남길 수 있다. 따라서 그보다는 근본적인 원인을 찾아 코 점막에 대한 치료를 시행하는 것이 좋다.

⊙ 코피가 자주 나요

10세 이하의 어린이들에게서 유독 많이 나타나는 증상이다. 어린이 코피는 상당수가 습관적으로 코를 파거나 비벼서 발생한다. 코를 자꾸 만지면 약한 비점막 혈관에 손상이 생겨 피가 나는 것이다. 만약 코를 자극하지 않는데도 한 달에 2~3차례 이상 코피가 난다면 한의원을 찾아 이비인후과 질환 여부를 확인하는 것이 좋다. 코피가 멈춘 뒤에는 심한 운동을 자제하고 맵고 뜨거운 음식이나 지나치게 뜨거운 샤워도 피하는 것이 좋다.

⊙ 냄새를 잘 못 맡아요

후각 장애의 가장 흔한 원인은 감기다. 그 외에는 두부 외상, 비염, 부비동염, 코 안의 물혹이나 종양 등이 원인이 될 수 있다. 이들 질환은 간단한 후각 인지 검사로 쉽게 진단할 수 있지만, 환자에 따라 세밀한 검사가 필요한 경우도 있다. 증상이 오래되면 치료가 어려우므로 초기에 병원을 찾는 것이 중요하다.

⊙ 코에서 나쁜 냄새가 나요

코에서 나쁜 냄새가 나고 고름같이 누런 콧물이 나온다면 축농증을 의심해봐야 한다. 여기에 구취까지 심하다면 원인이 구강 쪽에 있는 경우가 많다. 이때는 충치나 만성 편도선염 등을 의심해볼 수 있다. 비염 때문에 비강 내 점막이 비대해지면서 후각신경 부분이 막힐 때도 악취가 느껴질 수 있다. 이 역시 근본적인 원인을 찾아 치료하는 것이 중요하다.

⊙ 목 뒤로 콧물이 자꾸 넘어가요

코 뒤를 통해 무언가 넘어가는 느낌이 있고, 목 뒤에 무언가 걸려 있는 것 같은 이물감이 느껴지거나 가래가 많은 경우를 후비루증후군이라고 한다. 코 안쪽의 점막이 붓고 충혈되어 콧물이 후방으로 흘러 비인두 쪽으로 넘어가는 증상을 가리키는 말이다. 축농증과 비염이 있을 때 이런 증상이 자주 발생한다.

코 질환에 대한 한방적 치료법

코 질환에 대한 한방 처방은 면역력을 강화하고 체질을 개선해서 코가 본래의 기능을 되찾도록 돕는 데 중점을 둔다. 즉 일시적으로 증상을 완화하는 데 그치지 않고, 근본적인 원인을 찾아 해소함으로써 재발을 막으려 하는 것이다.

물론 한방에서도 우선은 환자를 괴롭히는 증상을 완화하거나 제거하는 치료를 먼저 한다. 한약과 침, 뜸, 물리 치료 등을 통해 콧물, 재채기, 코 막힘, 두통 등의 증상을 완화하고 점막 기능을 강화한다. 축농증이나 물혹의 경우에는 여기에 농을 빼내는 치료가 추가되기도 한다. 하지만 이에 그치지 않고, 면역력을 강화하는 한약 복용 등을 통해 이전과 같은 자극이나 환경이 주어져도 재발되지 않도록 한다. 이와 더불어 규칙적인 생활과 적당한 운동, 휴식 등 전반적인 생활 관리, 지속적인 계절 관리를 통해, 코 질환으로부터 완전히 벗어 날 수 있도록 한다.

⊙ 비염

신비환과 신비탕을 쓰면 신체 장부의 기능을 강화해 체내 면역력을 높이고 병의 재발도 막을 수 있다. 국소적으로는 비강 및 부비동 내의 염증을 제거하여 콧물, 코 막힘, 재채기나 가래 등의 상기도(上氣道) 증상을 치료한다. 그와 동시에 체력을 강화해 감기에 덜 걸리도록 하는데, 이를 통해 체질이 개선되면 반복되는 비염과 축농증 등 코 질환에서도 해방될 수 있다.

증상이 심한 경우에는 한방 연고나 스프레이 요법을 한약과 함께 사용하여 코 점막 내 부종과 염증을 제거한다. 또한 체질과 증상에 따라서는 인체 내부의 균형을 맞춰주기 위해 침과 뜸을 통해 폐, 대장, 위 등의 장부를 다스리기도 한다. 그 외에 영향혈, 비익혈 등 비염에 효과적인 혈자리를 자극해 코 막힘과 콧물을 해소하기도 한다.

전반적인 코 기능을 강화하는 데는 기본적으로 침술요법이 사용된다. 이때는 코와 관련되어 있는 폐경을 중심으로 대장경, 신경, 간경 등의 혈자리를 자극하고 한약 복용과 코 점막 치료를 병행하여 치료의 효과를 높인다. 특히 한약 복용시에는 위장 기능을 강화시켜 평상시에도 소화, 흡수가 잘되도록 한다. 전기침 등의 물리 치료를 병행하면 치료 효과가 증가한다.

그 외에 코 점막을 치료하는 외용 약물로는 점막 재생을 돕는 한약 증류 추출물과 한방 스프레이가 있다. 신비산은 신비한의원에서만 시행하는 가전치료방家傳治療方으로, 임상에서 코 질환에 대한 치료 효과가 입증된 20여 가지의 약재를 배합, 증류시켜 만든 코 점막 외용 치료제다. 신비산을 직접 코 안에 삽입 또는 분무하여, 부어오른 코점 막의 부기를 빼고 기능을 향상시켜 코 막힘 등의 상기도 증상을 개선한다. 부비강 내에 고름이 있는 경우에는 고름을 빼내는 치료를 통해 염증 성분을 자연스럽게 밖으로 배출시켜 비염과 축농증 등의 코 질환을 치료한다.

특히 한약 복용 시 체질 개선과 면역력 증진을 위해 녹용을 함께 가미하면 치료 효과가 빠르다. 아울러 민감해진 신경 조직을 안정시키고 손상된 점막을 재생하는 보존 요법, 코와 안면 부위 및 목의 근육들을 마사지하는 고주파 치료 요법, 한방 아로마 요법 등이 활용된다.

● 축농증

축농증 치료에서는 통로를 확보하여 콧물을 적극적으로 배출시키는 것이 무엇보다 중요하다. 축농증 환자의 코는 염증으로 점막이 부어올라 통로가 막혀 있고, 섬모 운동이 약해져 콧물을 밖으로 배출시키지 못하고 있는 상태로, 만성 비염을 제때에 치료하지 않아 발생하는 경우가 많다. 치료시 주의할 점은 처음부터 콧물을 멈추게 해서는 안 된다는 것이다. 축농증은 콧속에 고름이 쌓이는 질환이기 때문에, 우선은 일정 기간 콧물을 밖으로 배출하는 힘부터 길러줘야 이후 신속한 치료 효과를 볼 수 있다. 콧속의 공기 통로를 확보해 부비동 안에 찬 고름이 잘 빠질 수 있도록 하면서 면역력을 강화해야 한다.

이 경우 비염 치료를 기본으로 배농 치료를 위해 한약재에서 추출한 한방 외용제를 사용해 염증을 가라앉히고, 면역 기능을 키울 한약을 같이 복용하도록 한다. 경우에 따라서는 한약재를 이용한 훈증 요법과 약침 요법을 병행하여 치료하기도 한다. 또 코 주위와 폐장의 경락을 활성화시키는 침구 요법, 전기침 요법과 아로마 원액을 배합한 스프레이로 비강을 세척하는 방법, 청정 산소를 흡입하여 비강의 독소를 배출시키고 뇌로 가는 산소량을 증대시키는 방법도 활용되고 있다.

◉ 코골이

비만이 되면 목 주위의 살이 기도를 눌러 코골이가 심해질 수 있다. 이럴 때는 살을 빼는 것이 우선인데, 뜸 요법을 사용하면 도움을 받을 수 있다. 이때 복부의 중완이나 관원에 뜸을 시행하면 위장 기능을 향상시키고 한약의 흡수를 도울 수 있다. 또 이렇게 하면 복부의 순환 상태가 좋아져 체내의 노폐물도 쉽게 빠져나가게 되며, 치료 속도도 빨라진다. 아울러 몸 전체의 면역 기능을 높이는 데도 도움이 된다.

하지만 코골이의 원인이 비염이라면 비염 치료가 선행되어야 한다. 만약 기능에 문제가 있다면 주요 원인인 심폐 기능을 보하는 한약과 침 치료를 병행한다. 하지만 구조의 이상이 원인이라면 골격의 위치를 바로잡아주는 추나 요법과 경추의 위치를 안정화시키는 구강 내 보조 장치를 이용하기도 한다.

그 외에 탕약을 비롯해, 목이나 등 근육 부위, 인후부의 화열을 제거하는 침 치료법, 코의 점막을 자극해 비대와 염증을 동시에 해소하는 한방 외용제 처방 등의 방법이 사용된다. 또 척추의 정밀한 검진을 통해 틀어진 경추와 턱관절, 상부 흉추 등을 바로잡는 자세교정요법 등도 활용된다.

# 코가 시원해지는 경락 마사지

자녀가 코 질환으로 괴로워한다면 가정에서 쉽게 따라할 수 있는 경락 마사지를 활용해보는 것도 좋다. 알레르기성 비염이나 만성 비염이 있을 때 코를 건강하게 하는 경락 마사지를 해주면, 몸속의 나쁜 기운이 빠져나가고 기의 흐름이 원활해져 차츰 증상이 개선된다.

딱히 코 질환이 없는 사람이라도 평소에 활용하면 코를 더욱 건강하게 유지할 수 있다. 특히 부모가 자녀에게 마사지해주면 손끝에서 전해지는 따뜻한 에너지가 코에 공급되어 심리적인 안정감까지 느끼게 해주는 효과가 있다.

기본 마사지

◉ 코 마사지

양쪽 손바닥을 마주대고 비비다 온기가 느껴지면 코 주위를 따뜻하게 감싸준다. 코가 막힐 때 하면 코가 금방 시원해지는 것을 느낄 수 있다.

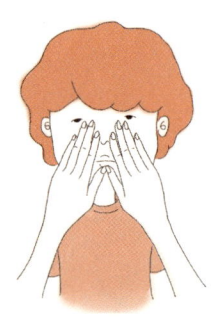

◉ 코 주변 마사지

검지와 중지손가락을 사용해 미간과 콧날 양옆을 10회 정도 문질러준다. 코 주변 혈관들을 자극하여 혈액 순환을 도와주는 마사지다.

◉ 이마 마사지

두 손으로 아이의 관자놀이 부분을 가볍게 쥐고 미간 중간 지점에서 헤어라인까지 직선을 그리며 양쪽 엄지손가락으로 교대로 눌러준다. 1분 동안 50회 정도 실시한다. 머리 끝까지 기를 끌어올려 코의 면역력을 강화하고 몸 안으로 찬 기운이 들어오는 것을 막아주는 마사지로, 감기를 예방하는 데도 효과가 있다.

혈자리 마사지

◉ 영향혈 마사지

두 손으로 아이의 턱을 가볍게 쥐고 콧방울 양옆의 살짝 파인 곳을 엄지손가락 끝으로 30~50회 정도 눌러준다. 코 주변의 기혈 흐름을 원활하게 해주며, 기관지를 튼튼하게 해서 감기를 예방해주는 마사지다. 콧물과 코 막힘 증세를 완화하는 데도 효과가 있다.

◉ 태양혈 마사지

귀와 눈 사이의 관자놀이 지점에 양쪽 엄지손가락을 대고 1분 동안 30회 정도 가볍게 돌려준다. 감기로 인한 두통이 있을 때, 또는 눈이 피로하거나 충혈되었을 때 효과가 있다.

◉ 전중혈 마사지

양쪽 유두를 잇는 직선상의 중간 지점을 엄지손가락으로 가볍게 밀어준다. 따뜻한 온기가 느껴질 때까지 실시한다. 기침이 잦거나 가래가 심할 때도 효과를 볼 수 있다.

◉ 풍지혈 마사지

양손을 마주대고 비벼서 손바닥이 따뜻해지면 목 뒤 중앙에서 양쪽으로 1.5cm 정도 떨어져 있는, 약간 오목하게 들어간 지점에 갖다 댄다. 온기가 식으면 같은 방법을 반복해 1분 정도 계속 한다.

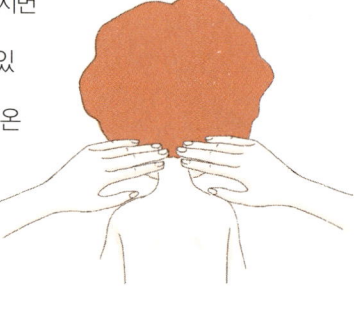

◉ 대추혈 마사지

고개를 숙였을 때 목 뒤쪽으로 가장 높이 튀어나온 뼈 부위를 검지손가락과 중지손가락으로 50회 정도 문질러준다. 코막힘과 인후통을 진정시키는 데 효과가 있는 마사지다.

코와 호흡기를
튼튼하게 해주는 체조

　자녀가 코 질환을 앓고 있거나 호흡기가 약하다면 평소 가벼운 체조를 통해 컨디션을 조절해주는 것이 좋다.

　체조는 몸에 신선한 산소를 공급하고 근육을 이완시켜 체액의 순환을 원활하게 해준다. 특히 무엇보다 폐를 중심으로 기관지 등의 호흡기계 기능을 강화시켜 주기 때문에 코 건강이나 면역력 강화는 물론이고, 전신에 활력을 불어넣는 데에도 효과가 있다. 부모와 자녀가 마주서서 함께 하면 더욱 좋다.

⊙ 양손 깍지 끼고 머리 누르기

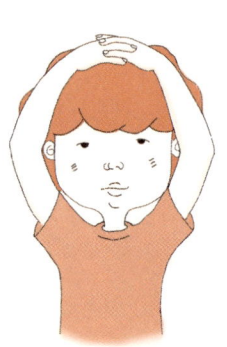

양쪽 손으로 깍지를 낀 채 정수리 부위에 갖다 댄다. 손바닥에 힘을 주어 머리를 누르는데, 이때 머리는 위로 밀어 올리는 듯한 느낌으로 버틴다. 30회 정도 반복한다. 코 막힘에 효과가 있는 체조다.

⊙ 양손 깍지 끼고 밀어올리기

가슴 앞에서 두 손을 깍지 낀 뒤 팔을 살짝 비틀어 손바닥을 바깥쪽으로 향하게 한 다음 머리 위로 쭉 밀어 올린다. 이때 양팔이 귀에 닿게 한다. 10초 정도 버틴 뒤 머리 뒤로 천천히 내리기를 10회 정도 반복한다.

⊙ 등 뒤에서 깍지 끼고 상체 숙이기

등 뒤에서 깍지를 낀 다음 손바닥이 바깥쪽을 향하게 한다. 그런 다음 상체를 천천히 앞으로 숙였다 일어난다. 10회 정도 반복한다. 코와 눈을 비롯해 얼굴 쪽이 답답할 때 효과가 있는 체조다.

⊙ 한쪽 팔 당겨 활 쏘기

두 손을 앞으로 뻗어 가볍게 주먹을 쥔다. 활을 쏘는 것처럼, 한쪽 팔은 구부려 주먹이 가슴 앞에 오게 하고, 다른 쪽 팔은 옆으로 쭉 뻗는다. 좌우 반복하는 것을 10회 실시한다. 가슴을 열어 폐를 튼튼하게 해주는 체조다.

⊙ 손 뒤로 당겨 가슴 펴기

두 발을 어깨너비로 벌리고 서서 양손을 허리 뒤에서 가볍게 겹쳐 잡는다. 숨을 크게 들이마시면서 겹쳐 잡은 두 손을 등 쪽으로 끌어올려 가슴을 편다. 숨을 내쉬면서 고개를 천천히 숙여 준비 자세로 돌아온다. 10회 정도 반복한다.

⊙ 두 손으로 벽 밀어내기

벽을 마주하고 서서 양쪽 손바닥을 벽에 댄다. 발은 성인 기준으로 벽에서 30cm 정도 떨어지면 되는데, 아이들은 체격에 따라 적당히 조절한다. 양쪽 팔은 살짝 바깥쪽으로 벌려 굽힌 자세에서 벽을 힘껏 밀어낸다. 10초 정도 밀어내기를 10회 반복한다.

⊙ 두 손으로 하늘 밀어올리기

두 발을 어깨너비로 벌리고 서서 두 팔을 위로 쭉 뻗어 올린다. 이때 두 손의 간격은 어깨너비보다 조금 넓은 것이 좋고, 손목은 꺾어 손바닥이 위를 향하게 한다. 하늘을 밀어 올리듯 양쪽 손바닥을 위로 밀며 가슴과 배를 쭉 편다.

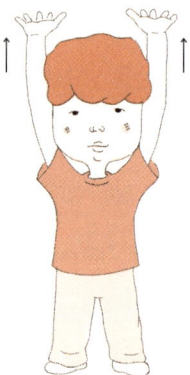

⊙ 두 팔 벌려 크게 숨쉬기

두 발을 어깨너비로 벌리고 선 자세에서 두 팔을 양쪽으로 들어올리며 숨을 크게 들이쉰다. 숨을 크게 내쉬며 두 팔을 아랫배 앞에서 교차시킨다. 이때 숨은 최대한 길게 마시고 최대한 길게 뱉는다. 30회 정도 반복한다.

코 기능을 되찾아주는 한방 레서피

질병을 고치고 증상을 완화하는 데 있어 약보다 중요한 것이 음식이다. 특히 식품이 갖고 있는 고유한 효능을 활용하면 질병으로 인한 증상을 완화하는 데 큰 도움을 받을 수 있다. 가정에서 쉽게 구할 수 있는 재료들로 아이들이 좋아할 만한 음식을 만들어 먹이면서 코와 호흡기를 튼튼하게 해줄 뿐 아니라 치료 효과도 높일 수 있다.

◉ 코 점막을 튼튼하게 해주는 **대추**

대추에는 위장 기능을 강화시켜 코 점막을 튼튼하게 하는 효능이 있다. 대추 달인 즙을 마시면 코 점막이 강해져 비염 예방뿐만 아니라, 치료 효과도 기대할 수 있다.

🍴 Recipe

- 햇볕에 바짝 말려 한 번 찐 다음, 다시 말린 대추 2~3개를 잘 씻어 날마다 생으로 먹는다.
- 대추차를 만들 때는 대추 4~5개를 준비해 씨를 발라낸 뒤 물 2컵을 붓고 은근한 불로 끓인다. 양이 반으로 줄어들 때까지 달여서 하루 2~3회, 식사 30분 전에 마신다.

⊙ 콧물을 멈추게 하는 **수박 줄기**

수박 줄기는 비염 치료제로 사용될 만큼 콧물을 멈추게 하는 효과가 탁월하다. 흔히 먹는 식품은 아니지만 구하기 쉬워서 어렵지 않게 활용할 수 있다.

🍴 Recipe

- 신선해 보이는 수박 줄기를 잘라 깨끗이 씻어 준비한다. 아무것도 두르지 않은 팬에 수박 줄기를 올리고 중약불에서 갈색이 될 때까지 볶는다. 이것을 분쇄기에 넣어 가루로 만든 뒤 밀폐 용기에 보관해두고 필요할 때마다 따뜻한 물에 타서 먹는다. 물 1컵에 가루 1큰술 정도를 타서 하루 2~3회 먹는데, 꿀을 약간 섞어주면 아이들이 더 잘 먹는다.

⊙ 답답한 코를 시원하게 뚫어주는 **삼백초**

부기와 변비 해소에 효능이 있어 널리 사용되는 삼백초는 코 막힘 증상을 개선하는 데도 효과가 있다. 차로 달여 마시거나 두부나 돼지고기 등과 함께 요리에 사용하면 좋다.

🍴 Recipe

- 그늘에서 말린 여린 삼백초 잎 10g에 물 5컵을 붓고 은근한 불로 달여 하루 3회, 식사 30분 전에 마시면 코 막힘 증상이 완화된다.
- 삼백초 잎을 진하게 달여 식힌 다음 소금을 조금 넣어 세척액을 만드는 것도 좋다. 삼백초 세척액으로 콧속을 씻어주면 코 막힘 증상이 한결 부드러워지는 것을 느낄 수 있다.

⊙ 알레르기성 체질을 바꿔주는 **감자**

감자에는 몸을 따뜻하게 해주고 알레르기성 체질을 개선하는 효능이 있어, 평소 국이나 반찬으로 자주 먹으면 효과를 볼 수 있다. 알레르기성 비염을 앓고 있다면 간간이 감자를 찜통에 쪄서 먹거나, 양파나 대파를 넣고 달인 물을 마신다.

🍴 Recipe

- 깨끗하게 씻은 감자를 죽염과 함께 쪄서 하루 1~2개 먹는다.
- 차를 만들 때는 껍질 벗긴 감자 1개를 얇게 저며 양파 1/2개나 대파 1개와 함께 물 5컵을 붓고 은근한 불로 끓인다. 내용물이 충분히 물러지면 체에 걸러 마신다.

⊙ 기침과 담을 없애주는 **은행**

은행은 폐를 튼튼하게 하고 기관지를 보하는 식품이다. 특히 오미자와 함께 끓여 먹으면 기침과 담을 없애주고, 천식을 가라앉힌다.

🍴 Recipe

- 껍질을 벗긴 은행 5알을 기름 살짝 두른 팬에 볶아 먹는다.
- 은행 1컵을 잘 볶아 가루로 만든 후 꿀 반 컵에 재워 먹는다. 은행가루 1~2작은술을 따뜻한 물 반 컵에 타 먹인다. 은행은 독성이 있으므로 반드시 익혀 먹고, 아이들은 하루 5알 이상 먹지 않도록 한다.

> **Tip** 콧속 염증을 완화해주는 녹차 세척액
>
> 평상시 콧물이 안에서 차고 잘 풀리지 않는다면, 생리 식염수를 체온과 비슷한 온도로 데워서 코를 세척해주는 것이 도움이 된다. 이때 염증이 심한 경우에는 녹차를 활용하는 방법도 권할 만하다. 녹차는 코 점막의 염증 해소에 탁월한 효능을 보인다. 평소보다 진하게 우려낸 녹차를 미지근하게 식힌 뒤 면봉에 묻혀서 콧속을 살살 닦아준다. 이때 녹차에 죽염을 조금 섞어서 끓이면 소염 효과가 더욱 좋아진다. 시중에 있는 일반적인 천일염은 수비가 안 되어 있어 독성이 있다. 수비란 물에 여러 번 씻거나 물에 가라앉혀 불순물을 제거하는 과정을 말한다. 집에서 하기는 어렵고 번거로우니 믿을 만한 정제된 죽염을 구해 쓰는 것이 좋다. 하지만 자주 세척하면 오히려 코 점막이 충혈될 수 있으니 진료 이후 증상에 맞추어 시행해야 한다.

코의 기능을 활성화해주는 한방 차

약을 먹지 않으려 하는 아이에게는 입맛에 맞는 한방 차가 도움이 된다. 코와 기관지를 건강하게 해주는 한방 차를 끓여서 수시로 마시면 수분 섭취와 동시에 치료 효과도 얻을 수 있다.

◉ 알레르기성 비염에 탁월한 **영지버섯차**

영지버섯은 항알레르기 효과가 가장 뛰어나, 비염과 아토피 같은 알레르기 질환에 효과가 있는 것으로 알려져 있다. 특별한 부작용도 없어 알레르기성 체질이나 허약 체질에도 두루 사용할 수 있다. 특히 간과 위의 열을 내려줘 열이 많은 아이에게 좋다.

🍴 **Recipe**

- 영지버섯 10g(2~3조각)을 흐르는 물에 잘 씻은 후 물 5컵을 붓고 양이 반으

로 줄어들 때까지 은근히 끓인다. 이 차를 보리차처럼 꾸준히 마시면 알레르기 질환을 완화하는 데 도움이 된다. 꿀이나 대추를 곁들여 먹으면 영지버섯 고유의 씁쓸한 맛을 줄일 수 있다.

⊙ 폐 기운을 북돋워주는 **오미자차**

오미자차는 폐의 기운을 북돋워주고 혈액 순환을 원활하게 한다. 감기에 걸렸을 때 오미자차를 마시면 빠른 해열 효과를 볼 수 있다.

Recipe

- 국산 오미자 20g(1/2컵)에 팔팔 끓여 식힌 물 10컵을 붓고 반나절 정도 우려 체에 거른다. 이 물에 꿀이나 시럽을 타서 수시로 마시면 좋다.
- 생 오미자 50g(1컵)과 껍질 벗겨 저민 도라지 3뿌리 정도를 꿀에 재웠다가 차로 만들어 하루 2~3회 마시면 기침도 가라앉고 가래도 사라진다.

⊙ 막힌 코를 뚫어주는 **목련 꽃봉오리차**

목련 꽃봉오리에는 폐와 기관지의 기능을 좋게 하고 몸속의 찬 기운을 발산시키며 코 막힘을 뚫어주는 효능이 있다. 차로 끓여 오래 마시면 비염이나 축농증 등에 뚜렷한 효과를 볼 수 있다.

Recipe

- 깨끗한 목련 꽃봉오리 1컵을 잘 씻어 물 6컵을 붓고 양이 반으로 줄어들 때까지 은근하게 졸인다. 이것을 체에 걸러 하루 3~4회에 걸쳐 마신다.

코 건강, 생활 속에서 잡으세요

아이들은 성인에 비해 면역력이 약하고 유해한 환경에 민감하기 때문에 코 질환에 쉽게 걸린다. 평소 생활 속에서 위생적인 환경과 건강한 습관을 유지해야 코 건강을 지키고 증상도 완화할 수 있다. 특히 아이들은 스스로 환경을 조절하는 능력이 부족하기 때문에 부모의 노력이 매우 중요하다.

⊙ 청결하고 위생적인 환경이 기본

비염을 비롯한 코 관련 질환은 실내에 떠다니는 미세 먼지나 집먼지진드기, 곰팡이 등에 의해 악화된다. 집먼지진드기가 서식하기 쉬운 카펫이나 러그 등은 사용하지 않는 것이 좋고, 침구나 소파, 커튼 등 먼지가 쌓이기 쉬운 가정용품들은 수시로 털고 일광 소독을 해야 한다. 욕실이나 싱크대 등은 사용 후 물기를 제거해 곰팡이가 생기지 않도록 관리한다.

⊙ 적정한 습도와 온도 유지는 필수

비염 환자에게 적합한 실내 온도는 18~22도, 습도는 40~50%다. 콧속 점막이 촉촉해야 코의 정화 활동 역시 원활하게 이루어진다는 것을 기억하고, 적정 온도와 습도 유지에 신경을 써야 한다. 여름에는 에어컨이나 선풍기 바람을 직접 쐬지 않도록 하고, 겨울에는 수시로 환기를 하여 실내 공기를 바꿔주어야 한다.

⊙ 규칙적인 운동으로 기초 체력 기르기

알레르기성 비염은 면역력과 깊은 관련을 맺고 있다. 같은 자극을 받아도 면역력이 떨어져 있을 때는 발병 가능성이 훨씬 높아진다. 면역력을 높이는 가장 좋은 방법은 운동이다. 평소 규칙적인 운동으로 체력을 강화하고 면역력을 높여주어야 한다. 아이가 편안하게 호흡을 지속할 수 있는 유산소 운동을 1주일에 3회 이상 함께 하도록 한다.

⊙ 만 14세까지 유전적 발병에 유의

부모 모두 비염이 있을 때 자녀에게서 비염이 나타날 확률은 75%에 달한다. 때문에 부모가 비염을 앓고 있다면, 인체의 면역력이 완성되는 만 14세까지는 지속적인 주의와 관리가 필요하다. 14세 이후에는 호르몬 변화로 코 질환이 완화되는 경향이 있다. 그러니 초등 단계에서 각별히 신경 써야 평생 건강을 보장할 수 있다.

⊙ 몸을 따뜻하게 하는 음식 섭취

밀가루 음식, 인스턴트 식품, 청량음료, 아이스크림 등은 비염을 악화시킬 수 있는 대표적인 음식이다. 비염은 폐가 차고 약해서 나타나는 경우가 많으므로, 찬 음식이나 몸을 차게 하는 음식은 좋지 않다. 장이 차고 약하면 설사가 잦은 것처럼, 폐가 차고 약하면 콧물, 코 막힘, 재채기 등의 증상이 나타날 수 있으므로 음식에 항상 주의를 기울여야 한다.

⊙ 목욕 후 물기 완전히 제거하기

아이들이 드라이어로 머리를 말리는 것을 싫어한다고 해서, 머리를 감거나 샤워를 한 뒤 대강 타월로 닦기만 하는 경우가 흔하다. 하지만 체온이 내려가면 비염이 악화될 수 있다. 그러니 머리를 감은 뒤에는 반드시 마른 수건으로 물기를 제거하고 드라이어를 사용해 완전히 말려주어야 한다.

⊙ 외출 후 위생 관리 철저히 하기

아이들은 감기에 쉽게 걸린다. 성인에 비해 면역력이 약하고 자발적인 위생 관리가 서툴기 때문이다. 그런데 감기가 오래되면 비염이 생기고, 비염을 방치하면 축농증, 더 나아가면 중이염으로까지 진행될 수도 있다. 그러므로 평소 위생 관리를 철저히 해서 감기를 예방하는 것이 중요하다. 아이가 외출에서 돌아왔을 때는 현관문 안에 들어서기 전에 옷을 충분히 털어주고, 집안에 들어와서는 손을 깨끗이 씻고 양치질을 하도록 습관을 들인다.

Part 2
귀

인간의 오감 가운데 가장 먼저 생겨나 가장 늦게까지 남아 있는 것이 청각이다. 귀는 청각 기능과 함께 몸의 평형을 유지하는 기능도 담당한다. 귀는 가벼운 물놀이 등을 통해서도 상처를 입을 수 있을 정도로 외부 자극에 약하다. 그런 만큼 질병에도 자주 노출된다. 특히 의사 소통 능력이 충분히 발달하지 않은 유아기 어린이들의 귀 관련 질환은 놓치고 지나가기 쉽다. 엄마가 미리미리 아이의 귀 건강을 체크하고 챙겨야 하는 것은 이 때문이다.

알아두면 도움이 되는 귀의 구조와 기능

귀는 속을 들여다보기가 힘든 기관이다. 구조에 대한 상식도 일반에게 널리 알려져 있지 않아, 자칫 소홀히 하기 쉬운 기관이다. 그런데 생각보다 많은 아이들이 중이염 등의 귀 질환을 앓고 있다. 또 상당수의 아이들은 자신도 모르는 사이에 이미 병을 앓았던 것으로 확인되고 있다. 이때 문제는 후유증이다. 귀 질환은 감기처럼 일정 기간이 지나고 나면 낫는 것이 아니라, 병을 앓았던 흔적이 남아 기능에 손상을 초래하는 경우가 많기 때문이다.

청각은 인간의 오감 가운데 가장 일찍 발달하여 가장 늦게까지 남아 있는 감각이다. 20주된 태아는 이미 고막을 갖게 되며, 32주가 되면 뱃속에서 엄마의 목소리를 들을 수 있을 만큼 청각이 발달한다. 하지만 그런 만큼 바이러스, 염증, 물이나 고음 같은 생활 자극 등에 의해 손상되기도 쉽다. 그러므로 귀 건강을 위해서는 그 구조와 기능에 대해 알고 관리할 필요가 있다.

귀는 크게 외이, 중이, 그리고 내이로 구분한다. 외이는 연골로 형성된 귓바퀴와 귀지가 생기는 외이도로 구성되는데, 외이도의 바깥쪽 1/3은 연골로, 안쪽 2/3는 뼈로 이루어져 있다. 외이와 중이의 경계 지점에 고막이 있어, 이 고막의 안쪽을 중이라고 한다. 중이 안에는 매우 작은 3개의 뼈가 있다. 외이를 통해 들어온 소리가 고막을 진동시키면, 이 뼈들이 그 소리를 내이로 전달하는 일을 한다. 가장 안쪽의 내이는 소리를 감지하는 달팽이관과 몸의 균형을 담당하는 세반고리관으로 이루어져 있다. 세반고리관은 소뇌와 함께 작용하여 몸의 평형을 유지한다. 현기증이나 몸의 균형감에 이상이 온다면, 바로 여기에 이상이 생긴 것이다.

이처럼 귀는 소리를 듣는 기능과 몸의 평형을 유지하는 기능을 담당하고 있다. 먼저 소리를 듣는 기능을 살펴보자.

외이는 소리를 모아서 전달하고, 중이는 소리의 크기를 조절하며, 내이는 물리적 에너지를 전기 에너지로 바꾸어 청신경에 전달하게 된다. 소리는 움직이는 물체에 의해 공기가 떨려 생겨나는데, 공기의 떨림이 파도처럼 밀려와 귀에 이르면 깔때기처럼 생긴 귓바퀴가 소리를 모은다. 이렇게 들어온 소리는 고막에서 진동한 후 이소골과 달팽이관을 거쳐 뇌에 도달하게 된다. 달팽이관은 고막과 이소골을 통과한 소리를 각각의 주파수별로 분류하고 기호화하여 뇌로 보내고, 뇌에서는 이 전체적인 기호들을 종합하여 비로소 소리의 의미를 해독한다.

이 가운데 우리가 잘 알고 있는 고막은 0.9×0.8cm 정도의 타원형에, 두께는 0.1mm에 지나지 않으나 150cmHg의 압력에도 견딜 수 있을 만큼 강하다. 흔히 고막이 파열되면 청력을 잃는다고 생각하는 사람들이 많은데, 이는 잘못된 상식이다. 고막은 손상을 입더라도 쉽게 낫고, 설령 완전히 파열되더라도 청력은 40% 가량 감소할 뿐 완전히 잃는 것은 아니다.

우리 몸의 평형을 유지하는 기능은 내이의 전정기관과 반고리관이 맡고 있다. 전정기관은 감각 세포와 평형을 담당하는 평형석이 들어 있는 2개의 주머니로 구성되어 있다. 머리가 기울면 기울기에 따라 이 평형석이 움직이고, 그에 따라 감각 세포도 똑같이 움직인다. 감각 세포가 알아낸 평형석의 움직임이 자세에 대한 정보가 되어 몸의 위치나 자세를 인지하게 되는 것이다. 또한 차나 배를 탔을 때 멀미를 하는 것도 바로 바로 평형석의 움직임 때문이다. 차나 배를 타면 평소와는 다른 자극을 받아 평형석이 흔들리게 되는데, 이때 내장이 반사 운동을 일으키면서 메스꺼움을 느끼거나 구토를 하는 것이다.

반고리관은 전정기관 위쪽에 붙어 있는 3개의 고리관으로, 서로 직각을 이루도록 배열되어 있다. 관 속에는 림프액이 차 있어 어느 방향으로 움직이든 한 개의 고리관 안에 있는 림프액이 움직인다.

이 자극이 신경을 통해 뇌에 전달되어 모든 방향에서의 가속이나 감속, 움직임을 감지할 수 있게 된다. 몸을 움직이는 속도가 빠르면 림프액도 그만큼 빨리 회전하게 된다. 이 흐름의 방향과 크기가 림프액 속의 감각세포에 자극을 주어 운동 방향과 속도를 느낄 수 있는 것이다.

우리가 흔히 생각하는 귀의 기능은 청력이다. 하지만 사실 평형 감각은 청각보다 더 중요한 기능을 한다. 평형 감각에 이상이 발생하면 가만히 누워 있어도 어지러워 견딜 수 없고, 제대로 앉거나 걸을 수도 없게 된다. 귀가 우리 몸에서 하는 일을 생각하면 귀 건강이 얼마나 중요한지 금방 실감할 수 있을 것이다.

말 안 듣는 우리 아이, 말을 못 듣는 건 아닐까?

　어린이와 청소년들 사이에 난청이 늘고 있다. 예전에는 '가는 귀 먹는다'하며, 난청을 노화로 인한 질병으로 치부하곤 했다. 하지만 이제는 사정이 달라졌다. 특히 유소아 난청은 비교적 빈번하게 발생하는데, 어린이는 자신의 의사를 잘 표현하지 못하기 때문에 치료 시기를 놓치고 지나가 청력을 상실하는 경우가 많다.

　생후 1~2개월이 지났는데도 큰 소리에 놀라거나 울지 않을 때, 말 배우는 것이 유독 늦을 때, TV를 큰 소리로 틀어놓거나 가까이에서 볼 때,

여러 번 말을 되묻거나 큰 소리로 대답할 때, 학습 능력이 떨어지거나 사람을 유난히 빤히 쳐다보는 버릇이 있을 때는 청력 이상을 의심해봐야 한다. 귀 질환의 치료는 평소 아이를 주의 깊게 관찰하여 조기에 발견하는 데에 달려 있다.

⊙ 삼출성 중이염

감기에 자주 걸리는 소아들에게 흔히 발생하는 귀 질환으로, 귀와 코 사이에 있는 이관耳管이 상기도 염증으로 기능을 상실해 중이에 물이 차는 병이다. TV에 바짝 붙어 앉거나 엄마가 불러도 대답을 잘 안 할 때 의심해볼 수 있다. 특히 감기 치료를 위해 복용한 항생제가 중이염의 염증을 일시적으로 가라앉히기는 했지만 치료가 완벽하게 끝나지 않은 경우, 훗날 난청을 불러올 수 있다. 삼출성滲出性 중이염은 한약 약물 요법으로 치료될 수 있다. 삼출성 중이염이 의심스러울 때는 가급적 빨리 진료를 받고 치료해야 만성 중이염으로 발전하는 것을 막을 수 있다.

⊙ 화농성 중이염

삼출성 중이염이나 급성 중이염 이후에 생기는 경우가 많으며, 삼출액이 아닌 화농된 고름이 중이강 안에 차는 질환이다. 증상이 심해지면 고막이 뚫려 고름이 밖으로 흘러나오게 되고, 중이강 내의 소리 전달 기관을 상하게 하여 청력을 잃을 수 있으므로 빠른 치료가 필요하다.

◉ 만성 중이염

감기로 인한 급성 중이염이 제대로 치료되지 못하면 만성 중이염으로 이어진다. 만성 중이염은 청력을 급속히 감퇴시킨다. 중이에 생긴 화농化膿이 고막을 뚫고 외이를 거쳐 밖으로 나오게 되고, 급기야 소리를 잘 들을 수 없게 되는 것이다. 요즘은 수술을 통해 어려움 없이 청력을 회복하기도 하지만 가능하면 조기에 치료하는 것이 좋다.

◉ 소음성 난청

소음성 난청은 이어폰이나 헤드폰을 끼고 큰소리로 음악을 듣는 10대 청소년들 사이에서 급격히 늘고 있는 질병이다. 소음은 귀 안에 있는 청각 기관을 구조적, 기능적으로 손상시켜 청각 세포를 파괴한다. 자각 증상이 나타날 때에는 이미 정상적인 청력을 회복하기 어려운 경우가 많으니 미리 주의해야 한다.

◉ 돌발성 난청

갑작스럽게 귀가 멍멍해지면서 잘 들리지 않게 되는 경우다. 난청 증상이 생기기 전후에 이명 현상이 있거나, 현기증과 구토, 어지러움이 있다면 돌발성 난청을 의심해봐야 한다. 돌발성 난청의 원인은 아직까지 분명하지 않다. 다만 계절 중에선 겨울과 봄에 많이 발병하고, 요일 중에서 주초나 주말에 많이 생기는 것으로 보아 스트레스와 관련이 있는 것으로 짐작되고 있을 뿐이다. 어느 한 가지가 원인이 된다기보다는 신체적, 정신적으로 여러 가지 상황이 겹쳐 생기는 것으로 보고 있다. 하지만 결국은 내이의 순환 장애에 따른 산소 부족과 대사 장애에 의해 일어나는 것이라고 할 수 있다. 한약 복용을 통한 혈관 확장이나 혈류 개선 등, 혈액 순환 개선 치료를 통해 60% 정도 회복이 가능하다.

 소리 없이 찾아와 소리를 갖고 사라지는 중이염

중이염은 고막에서 달팽이관에 이르는 통로인 중이에 세균이나 바이러스가 침투하여 발생하는 증상이다. 면역력이 약한 어린아이들이 주로 걸리지만, 성인이라도 물놀이나 샤워 중 귀에 물이 들어가면 발병할 수 있다. 또 감기나 비염이 오래 지속되면서 면역기능이 떨어져서, 또는 선천적으로 귀에 구조적인 이상이 있어서 발병할 수도 있다. 그 외에 아기들이 빈 젖병을 빨다 이관의 압력에 이상이 생겨 발생하는 경우도 있다.

귓속에서 자꾸만 '윙윙' 소리가 난다며 찾아온 초등학교 3학년의 주현이도 중이염이었다. 주현이 어머니는 아이가 아픈 것 같지는 않은데 자꾸만 귀에서 소리가 나서 수업 시간에 선생님 목소리가 잘 안 들린다며 짜증을 내기에, 처음에는 스트레스 때문이려니 하고 흘려들곤 했다고 한다. 그런데 시간이 지나도 나아지지 않는 데다, 최근에는 엄마가 부르는 소리도 잘 듣지 못하는 것 같아 한의원을 찾은 것이었다. 얘기를 나누다 주현이가 한동안 수영장에 다녔는데, 그때 친구들과 물장난을 하다 귀에 물이 들어간 적이 있다는 것을 알게 되었다.

중이염은 그 경과에 따라 급성 중이염, 삼출성 중이염, 만성 중이염으로 나눌 수 있다. 급성 중이염에 걸리면, 이관을 통해 들어온 세균이 귀에 염증을 일으켜 귀에서 고름이 나오고 심한 통증을 느끼게 된다. 이런 고름은 짧으면 3~4일, 길게는 1~2주간 나오다 점차 줄어드는데, 만약 3개월 이상 지속되면 합병증이 도졌거나 만성 중이염으로 진행된 것이 아닌지 의심해봐야 한다.

중이염을 완전히 치료하지 못하면 중이에 염증액이 고이는 삼출성 중이염이 된다. 삼출성 중이염은 이관, 즉 코의 뒷부분에서 귀의 고막까지 연결된 관에 기능 장애가 일어나 중이강 내의 음압(音壓)이 계속되면서 중이강 점막에서 장액성 또는 삼출성 노란 진물이 배출되어 중이강에 고이는 질환이다. 삼출성 중이염은 소아 난청의 가장 흔한 원인으로, 오랫동안 방치하면 귀가 막히거나 청력 장애를 일으킬 수도 있다.

급성 중이염이나 삼출성 중이염을 제대로 치료하지 않으면 만성 중이염이나 유착성 중이염 등 심각한 질환으로 전이되기도 하니 주의를 기울여야 한다. 만성 중이염 역시 난청이나 고막 천공 등으로 이어질 수 있는 질병이다. 특히 만성 중이염 중에서도 진주종성 중이염은 중이 내의 뼈 조직까지 손상시킬 위험이 있으니 가능한 한 빨리 수술을 받아야 한다. 유착성 중이염은 이관의 기능이 떨어져 고막 안의 기압이 떨어지면서 고막이 안으로 빨려 들어가 달팽이관에 들러붙어 청력이 상하는 질병이다.

그 외에도 중이염은 난청과 이명, 어지럼증, 뇌막염, 진주종 등의 여러 가지 합병증을 가져오기도 한다.

귀에 이상이 생기면 집중력이 떨어지는 것은 물론이고 학업 성취에도 악영향을 끼치며, 성격이 산만해지거나 언어 발달 장애를 일으킬 수도 있다. 하지만 무엇보다 중요한 것은 청력을 잃을 수도 있다는 점이니 각별히 주의해야 할 것이다.

최근 한 대학병원의 조사에 따르면 중이염 환자 5명 가운데 1명은 10세 미만의 영유아인 것으로 나타났다. 10세 미만 어린 자녀들을 둔 부모라면, 아이가 감기를 앓고 난 뒤 TV를 예전보다 가까이에서 보거나 말소리를 잘 못 알아듣는 증상을 보이면 중이염을 의심하고 병원을 찾는 것이 좋다. 또 평소 귀지를 지나치게 파내거나 너무 자주 귀를 후비는 것도 건강에는 좋지 않은 습관이니 주의시켜야 한다.

염증 수반한 이통, 두뇌에 치명적 상흔 남긴다

여덟 살 성하는 지난달부터 병원에 다니고 있다. 엄마와 함께 실내 수영장에 갔다가 귀에 물이 들어가 손가락으로 귓속을 후볐던 것이 문제였다. 그로부터 몇 주 후, 성하는 귀에서 이상한 소리가 나면서, 갑자기 귀가 아파오는 것을 느꼈다. 황급히 병원을 찾아 진료를 받은 결과, 성하는 뇌수막염이라는 진단을 받았다. 중이염을 조기에 치료하지 않아 염증이 뇌수막으로 전이된 것이었다.

일반적으로 이통은 귀에 충격을 받거나, 비행기 여행이나 등산 등으로 고지대에 올랐을 때 발생한다. 또 귀에 염증이 있거나 귀를 자주 만지거나 후볐을 때, 혹은 신체 다른 부위에 증상이 있을 때도 생길 수 있다. 이 중에서도 가장 위험한 것은 염증을 동반한 이통이다. 염증을 동반한 이통을 방치했다가는 아이의 두뇌에 치명적인 상처를 남길 수도 있으니 결코 가벼이 넘겨서는 안 된다.

염증성 이통은 주로 중이염에서 비롯된다. 중이염은 앞에서도 언급했듯이 귀 고막 안쪽 중이 점막에 생기는 염증으로, 대부분의 사람이 한 번쯤 앓는 흔한 질병이다. 유소아에게는 급성 중이염이나 삼출성 중이염이 주로 나타나며, 성인의 경우에는 소아 때의 중이염이 만성 중이염으로 이어지는 경우가 대부분이다. 그런데 중이염을 제때 치료하지 않고 방치하게 되면 합병증을 불러와 청력이 떨어질 뿐 아니라 고막까지도 손상될 수 있다. 더욱이 심각한 경우에는 염증이 뇌에까지 전이되어 뇌수막염이나 뇌농양으로 진행될 수도 있다.

뇌수막염은 말 그대로 뇌의 수막에 생기는 염증을 가리킨다. 뇌수막은 뇌를 둘러싸고 있는 얇은 막을 가리킨다. 보다 정확하게는 뇌척수막이라고 부른다. 뇌수막염에는 바이러스성과 세균성의 두 가지가 있는데, 후자가 바로 중이염에서 비롯될 수 있는 질환이다. 즉 중이염이나 두개골 기저부에 발생한 세균 감염이 직접 뇌수막 공간으로 넘어가는 것이다.

뇌수막염에 걸리면 38℃ 이상의 고열, 두통, 오한 등의 증상이 나타나는데, 얼핏 보면 심한 독감처럼 보이기도 한다. 바이러스 침입에 의한 수막염의 경우에는 특별한 치료 없이도 자연적으로 호전되는 경향을 보인다. 그러나 세균성 수막염의 경우에는 즉시 항생제를 투여해야 할 만큼 위험하다. 또 발병 부위에 따라서는 15~20%에 달하는 높은 사망률을 보이는 경우도 있으며, 다양한 신경학적 후유증으로 이어질 수도 있다.

뇌농양은 뇌 조직 내로 침입한 세균 때문에 발생한 국소 부위의 농양으로, 뇌 조직에 고름이 고이는 질환이다. 과거보다는 덜하지만 지금도 중이염이나 부비동염, 외상, 치아 감염 등이 원인이 되기도 한다. 실제로 뇌농양의 약 40%는 부비동염이나 중이염 등의 질환에 의해 세균이 뇌 조직으로 침투하면서 발생한다. 특히 중이염이나 부비동염의 염증 자체가 확장되어 중이나 부비동 근처의 뼈를 침범하면서 골수염이 생긴 경우에는, 그 감염물이 경질막이나 연수막을 통과하면서 뇌로 침투하거나 정맥을 통해 이동하면서 정맥염을 일으킬 수도 있어 위험하다.

뇌농양의 가장 흔한 증상은 두통이지만, 뇌농양의 크기와 위치에 따라 기면과 혼돈, 국소적 또는 전신적 경련, 국소적인 운동 장애 및 감각 장애, 발음 곤란 등의 증상이 나타나기도 한다. 뇌농양을 치료하기 위해서는 항생제와 수술의 두 가지 치료법을 적절히 병행해야 한다. 평소 건강 상태가 양호하고, 농양이 항생제로 조절할 수 있는 수준이라면 큰 후유증을 남기지 않을 것이다. 하지만 수술시 절제되는 뇌조직의 크기나 위치에 따라 어느 정도의 신경학적 후유증이 남을 수도 있다.

이처럼 귀나 코에 생긴 염증을 가벼이 여겼다가는 자칫 큰 병을 불러올 수 있다. 그러니 귀와 코 자체의 건강뿐 아니라, 귀나 코 질환에서 비롯될 수 있는 전이와 합병증의 심각성까지 생각하여, 자녀를 둔 가정에서는 각별히 주의해서 관찰해야 할 것이다.

아이들을 괴롭히는 대표적인 귀 질환

여름은 어린이들의 귀 질환에 비상등이 켜지는 계절이다. 잦은 물놀이나 샤워로 귀에 물이 들어가거나 자극받는 일이 많기 때문이다. 특히 귀를 조심스레 다뤄야 한다는 것을 잘 모르는 어린아이들은 귀에 물이 들어갔을 때 함부로 만져서 상태를 악화시키는 경우가 많다. 귀는 작은 병이 큰 병을 부르는 대표적인 기관이다. 그렇기 때문에 엄마의 세심한 관찰과 배려로 조기에 진단하고 치료하는 것이 중요하다.

◉ 외이도염

외이도염은 귀 입구에서 고막까지 이어지는 외이도에 염증이 생기는 대표적인 귀 질환이다. 대개 귓속이 간지럽거나 답답할 때, 또는 물이 들어갔을 때 손가락이나 귀이개로 자극을 해 문제가 생긴다. 많은 이비인후과 의사들이 '귀만 후비지 않으면 외이도염 걸릴 일은 없다'고 말하는 것은 그 때문이다. 원래 외이도에 분포한 피지선과 땀샘에서는 자체적으로 귀를 보호하는 물질이 분비되는데, 귀를 파다 보면 이 보호 물질이 벗겨지면서 외이도 표면에 상처를 남기는 일이 흔하기 때문이다.

귀에 물이 들어갔을 때도 무심코 귀를 후비거나 손으로 만지지 않도록 주의해야 한다. 물이 들어간 귀를 아래쪽으로 향하고 누워 물이 자연스럽게 흘러나오도록 하는 것이 가장 좋은 방법이다. 또한 샤워 후 귓속에 물기가 남아 있는 것 같은 불쾌한 느낌이 들 때도 면봉으로 닦아내기보다는 체온으로 천천히 말리는 것이 귀 건강에 좋다. 외이도염 역시 초기에 적절하게 치료를 받지 않으면 만성 외이도염으로 이어질 수 있으므로 이상을 느끼면 곧바로 병원을 찾는 것이 좋다.

⊙ 유소아 난청

요즘에는 산부인과에서도 신생아를 대상으로 청력 검사를 실시하는 사례가 많아졌다. 유전, 임신 중 감염, 분만 시 손상 등으로 인한 선천성 난청이 발생할 수 있기 때문이다. 하지만 유전성 난청인 경우라 해도, 출생과 동시에 난청 증세를 보이는 경우는 전체 소아 난청의 1/3 정도에 지나지 않는다. 대개는 어릴 때 청력 장애를 느끼지 못하다가 유아기나 소아기, 혹은 성인 시기를 거치면서 달팽이관이나 청신경에 이상을 보이기 시작해 점차 듣지 못하게 된다. 가족 가운데 비슷한 증상을 보이는 사람이 있다면 한 번쯤 유전자 검사를 받아보는 것이 좋다.

자녀가 영유아기 때 소리에 대한 반응이 없거나 연령에 걸맞은 언어 구사를 하지 못할 경우, 반드시 청력 검사를 해봐야 한다. 청력 장애가 있을 경우 말을 배우기 전에 그에 대한 진단과 치료를 하지 못하면, 나중에 치료를 한다 해도 평생 언어 장애를 겪을 수 있기 때문이다.

간혹 다른 질환 때문에 처방받은 항생제에 대한 과민 반응으로 청력 이상이 발생하기도 하는데, 이때는 이명이나 어지럼증이 함께 나타나는 경우가 많다.

⊙ 삼출성 중이염

어린아이들은 성인에 비해 이관이 작고 짧으며, 수평 형태로 되어 있는 데다 성인만큼 점막이 성숙돼 있지도 못하기 때문에 중이염에 잘 걸린다. 또 중이염에 걸렸을 때도 뚜렷한 불편을 자각하지 못하거나 의사 표현을 잘 하지 못해 치료 시기를 놓치기 쉽다. 그렇기 때문에 중이에 진물이 고이는 삼출성 중이염으로 이어지는 사례가 많다. 평소 아이가 감기를 자주 앓는다면 갑작스레 소리에 대한 반응이 둔화되는 일은 없는지 잘 관찰해야 한다.

귀 질환에 대한 한방적 치료법

한방에서 중이염을 치료할 때는 면역 기능이 약해지는 근본 원인을 찾아 부족한 장부 기운을 보강하면서 동시에 귀와 코를 함께 치료한다. 일시적으로 증상이 호전된다 해도, 귀와 코를 통해 외부의 감염이 반복되면 건강 상태를 유지하기 힘들기 때문이다.

한방에서 초기 급성 중이염을 치료할 때에는 염증이나 열을 가라앉히고 과로나 정신적인 긴장감을 해소하는 데 역점을 둔다. 만성 중이염의 경우엔 음식 조절과 함께 인체의 정기를 보강하는 약물과 질환을 치료하는 약물을 함께 처방한다.

⊙ 급성 중이염

급성 중이염은 흔히 고열을 동반하기 때문에 어쩔 수 없이 해열제와 함께 항생제를 투여하고는 한다. 하지만 한약으로도 충분히 치료가 가능하다. 중이염은 한방 병명으로 농이膿耳라고 한다. 농이膿耳는 '풍열風熱이 신경腎經이 허한 틈을 타고 들어가 농이 흘러나오는 것' 인데, 만형자산이나 형개연교탕 등이 치료에 효능을 보인다.

◉ 삼출성 중이염

잘 낫지 않는 삼출성 중이염도 수술하지 않고 한약으로 치료할 수 있다. 삼출성 중이염의 경우 양방으로는 2~3개월 간의 치료를 요한다. 게다가 차도가 없는 경우에는 고막을 절개하고 인위적으로 관을 삽입해 액을 흘려내기 때문에 매우 번거롭고 고통스럽다.

그러나 한방에서는 한약을 복용하여 몸 안의 양기를 북돋아 중이에 찬 수분을 말리는 방식으로 치료를 한다. 이때 처방하는 것이 신이탕新耳湯이다. 신이탕은 고여 있는 삼출액을 말려 물이 차는 증상을 없앤다. 또한 화농성 중이염인 경우에는 배농의 역할도 하여 이관 기능을 강화한다. 소아들의 경우에는 코가 좋지 않아 중이염에 대한 부담이 크고, 인후편도선염으로 이어지는 경우가 많다. 신이탕에는 코와 인후에 대한 기본 치료약이 함께 배합되어 있고, 인체의 면역력 보강에도 효과가 있어 재발을 방지할 수 있다. 신이탕은 하루 2~3회 복용한다.

사실 장기간 항생제 치료를 하게 되면 염증 세균만 죽이는 게 아니라 우리 몸의 좋은 균까지 함께 죽이게 된다. 그러다 보면 비위 기능과 면역 기능이 떨어질 수 있다. 따라서 농을 말리는 치료와 면역 기능을 올리는 치료를 함께 하는 것이 좋다. 또 무통 레이저요법으로 소염 효과를 높이고, 신이수新耳水를 직접 귀 안에 넣어 빨리 이통이 멎도록 하는 처방도 사용된다.

신이수는 고막 안에 고여 있는 삼출액이 잘 배출되도록 하는데, 외이도에 귀지가 잘 끼거나 이로 인하여 가려움을 호소하는 경우에도 효과가 있다. 특히 화농성 중이염에 걸려 노란 고름이 많이 나오거나 찐득한 진물이 많이 끼는 경우에는, 청열 해독淸熱解毒 작용을 하여 농을 원활하게 배출시키는 동시에 농 자체가 마르게 하는 효과를 발휘한다. 신이수 치료는 체질에 따라 조금씩 다르지만, 주 1회씩 5~10주 시행한다.

◉ 만성 중이염

양방에서는 대부분 전신 마취 수술을 통해 만성 중이염을 치료한다. 그러나 한방에서는 외용약을 귀에 발라 염증을 진정시키고, 한약으로 몸 상태를 다스려 치료한다.

만약 이미 고막이 손상된 경우라면 수술을 해야 하므로 한방으로 치료하기가 어렵겠지만, 고막은 다치지 않았는데 오랫동안 중이염이 낫지 않는다든지 반복적으로 발현하는 상태라면 한방 치료를 하는 것이 좋다. 이러한 경우에는 아이의 몸이 허약해져 면역력이 떨어진 것이 원인이기 때문이다. 그러므로 면역력을 강화하는 방향으로 근원적인 치료를 해나가야 한다. 단순히 중이염을 없앨 뿐 아니라 오랫동안 앓아 허약해진 몸까지 보강할 수 있으니 일석이조의 효과가 있다. 또 이미 고막이 손상되어 수술을 한 경우라도, 염증을 없애고 수술 이후 체력을 회복하기 위해서는 한방 치료를 겸하는 것이 좋다.

◉ 돌발성 난청

돌발성 난청은 이유 없이 갑작스럽게 발생하고, 주로 이명과 함께 나타난다. 한방이든 양방이든 서둘러 병원을 찾는 것이 좋지만, 양방에선 뚜렷한 치료약이 없는 것이 현실이다.

한방은 이 같은 난청 질환에 대해 다양한 치료 방법을 활용하고 있다. 육미지황환 가감방이나 죽력 같은 천연 진정제를 사용하거나 약침을 맞는 것도 도움이 된다. 약침은 증상 발생 후 8주 이내에 맞는 것이 가장 좋다.

약물 치료에 대해서는 다양한 의견이 있지만, 일반적으로 난청은 신허腎虛 등 몸 상태가 극도로 약해져서 온 경우가 많다. 따라서 확실하게 보약을 써서 치료하는 것이 중요하다.

귀가 시원해지는 경락 마사지

귀는 신경이 많이 분포돼 있는 데다, 뇌와 가까운 곳에 있는 기관이어서 외부 자극뿐 아니라 인체 변화에도 민감하게 반응한다. 선인들은 귀를 건강하게 유지하기 위해 시간이 날 때마다 귓바퀴나 귓불을 자극해주었다고 한다. 귀를 잡아당겨 늘이거나 손으로 비비고 돌려주는 것만으로도 훌륭한 마사지가 되었던 셈이다. 특히 겨울에는 따뜻한 물수건으로 감싸서 문지르는 것만으로도 혈액 순환에 도움이 되고, 추위도 잊게 해준다.

또 귀를 마사지하는 것은 코나 뇌, 신장의 건강에도 긍정적인 영향을 미친다. 특히 귀 밑에는 우리 몸의 진액 순환을 돕는 삼초경락 줄기가 자리하고 있어, 꾸준히 마사지해주면 귀를 비롯한 얼굴색이 밝아지고 얼굴 표정도 예뻐지는 효과가 있다.

쉽게 따라하는 귀 마사지

⊙ 손가락으로 귓바퀴 문지르기

검지손가락과 중지손가락을 젓가락처럼 세워 양쪽 귓바퀴를 잡는다. 손가락에 힘을 주어 위아래로 문지른다. 36회 반복한다. 귀가 건강해질 뿐만 아니라 온몸에 활기를 불어넣어주는 마사지다.

⊙ 손바닥으로 귓바퀴 문지르기

손바닥을 귓바퀴 뒤에 갖다 대고 위아래로 강하게 문지른다. 이때 귓바퀴가 뜨거워지면서 앞으로 접혔다 펴졌다를 반복하면 제대로 하고 있는 것이다. 양쪽 동시에 36회 반복한다.

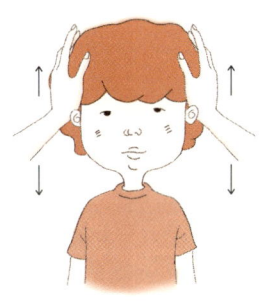

⊙ 귓바퀴 삼각 접기

귓바퀴의 위아래 부분을 앞으로 접어 귀를 삼각형으로 만든다. 5초간 접었다 5초 쉬는 식으로 좌우 동시 30회 정도 반복하면, 혈액 순환이 원활해진다.

◉ 귓바퀴 비틀기

엄지손가락과 검지손가락으로 귓바퀴를 잡고 살짝 비틀며 자극한다. 맨 위에서부터 4~5회에 나누어 천천히 아래로 내려오면서 비틀어준 뒤, 다시 위로 올라가면서 비틀어준다. 좌우 동시에 3회 왕복한다.

◉ 귓바퀴 잡아당기기

양쪽 귓바퀴를 두 손으로 잡고 밖으로 잡아당긴다. 맨위, 가운데, 귓불 등 세 부분으로 나누어, 차례로 각각 3회씩 잡아당긴다. 알레르기나 편도선염으로 고생할 때도 도움이 되는 마사지다.

◉ 귓불 잡아당기기

양손으로 귓불을 잡고 아래쪽으로 늘려준다. 눈, 목, 입의 반사구를 자극해 집중력을 높여준다. 특히 수업 시간에 하면 졸음을 쫓는 데도 효과가 있다. 좌우 동시에 2초씩 20회 정도 반복한다.

귀 건강에 도움이 되는 체조와 운동법

귀를 건강하게 하면 청력은 물론, 균형 감각과 기억력까지 높이는 효과가 있다. 귀의 건강을 위한 간단한 체조들이 있는데, 활용해보면 도움이 된다. 물론 귀 자체가 적극적으로 움직일 수 있는 부위는 아니다 보니, 동작이 다양한 것은 아니다. 하지만 특별한 도구나 별도의 공간이 필요한 것은 아니니 시간 날 때마다 수시로 해주면 좋다.

귀를 위한 체조는 대개 귓속에서 소리가 울리거나 압력의 변화를 느끼게 하는 것을 기본적인 자극법으로 삼는다.

귀를 건강하게 하는 체조

◉ 귓속에 소리 가두기

두 손을 양쪽 귀 앞으로 가져가 손가락을 튕겨 '딱' 소리를 내고, 재빨리 손바닥으로 귀를 막았다 뗀다. 소리를 귀 안에 가뒀다 터트린다는 느낌으로 하면 된다. 10회 반복한다.

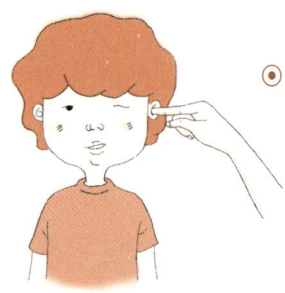

◉ 귓속에서 손가락 돌리기

검지나 중지 손가락을 귓속에 넣고 앞뒤로 돌리며 부드럽게 자극한다. 이때 손가락을 너무 깊이 넣지 않도록 주의한다. 5회 반복한다.

◉ 위아래 어금니 부딪치기

아침에 일어나 위아래 어금니를 부딪치고 혀로 입안 구석구석을 마사지하면 귀의 기능을 높이는 데 도움이 된다. 이때 입술은 다물어야 한다. 어금니 부딪치기는 36회 정도 반복한다.

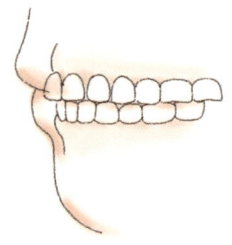

⊙ 볼 부풀리고 귀 막기

볼을 부풀려 입에 바람을 넣고 양쪽 손바닥으로 귀를 막았다 뗐다 하며 귓속에서 일어나는 압력의 변화를 느껴본다. 5초 간격으로 10회 정도 반복한다.

평형 감각 높이는 생활 놀이

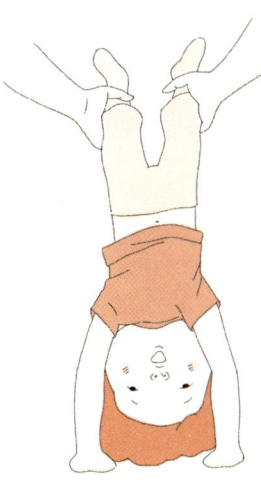

⊙ 물구나무서기

아이가 양 손바닥을 바닥에 짚고 엎드리면 엄마가 아이의 다리를 높이 들어 올려 물구나무서기 자세를 취하게 한다. 물구나무서기가 익숙해지면 그 상태에서 두 손으로 천천히 앞으로 나아가게 한다. 혈액 순환을 도울 뿐 아니라, 팔 힘을 키우고 평형 감각을 발달시켜주는 활동이다.

◉ 닭싸움

한쪽 다리를 들어 올려서 발목을 잡고 닭싸움 자세를 취한다. 가족이나 친구들과 함께 겨루기를 해도 좋고, 오래 뛰기, 멀리 뛰기 같은 시합을 하는 것도 괜찮다. 균형 감각을 향상시키고 순발력을 길러주는 활동이다.

◉ 캣워크

바닥에 검은색 테이프를 일직선으로 붙인 뒤 그 위를 모델처럼 걷는다. 별것 아닌 것 같지만 나이가 어릴수록 쉽게 할 수 없는 활동이다. 익숙해질 때까지 두 팔을 좌우로 벌리고 걷는 것도 좋다.

◉ 머리 위에 책 얹고 걷기

책 한 권을 머리 위에 올리고 천천히 걷는다. 동작에 익숙해지면 누가 더 멀리 걷나 시합을 하는 것도 좋다. 정면을 응시하고 걸어야 책이 떨어지지 않는다는 것을 미리 알려주면 아이가 요령을 터득하는 데 도움이 된다.

귀 기능을 되찾아주는 한방 레서피

귀 질환은 통증이나 소리 등 그 자체의 고통도 문제지만, 뇌를 비롯한 다른 기관에 영향을 끼칠 수도 있기 때문에 가급적 빨리 치료해야 한다. 귀 질환을 치료할 때 증상을 완화하고 귀의 기능을 회복시키는 데 도움이 되는 음식을 함께 해주면 더욱 효과적이다.

⊙ 귀를 밝게 해주는 오디

뽕나무 열매인 오디는 예로부터 눈과 귀를 밝게 해주는 열매로 알려져 있다. '백발도 검게 한다'는 속설이 있을 정도로 몸에 좋은 식품인 오디는 블랙 푸드의 대표 주자이기도 하다. 최근에는 활성 산소 제거 효과가 밝혀지면서, 암 예방과 노화 억제 효과도 탁월한 것으로 알려져 대중적인 인기를 끌고 있다.

🍴 **Recipe**
- 제철에 생 오디 1컵을 잘 씻어 꿀에 재웠다가 그 물을 차로 마시거나 요리에 사용한다.
- 말린 오디 1/3컵에 물 5컵을 붓고 은근한 불에 올려 양이 반 정도 줄어들 때까지 달인 후 체에 걸러 수시로 마신다.

⊙ 만성 중이염에 좋은 **검은콩**

검은콩에는 몸의 저항력을 높여주는 효능이 있다. 중이염에 자주 걸리는 사람이나 만성 중이염으로 고생하고 있는 사람에게 특히 권할 만한 식품이다. 또한 외이염이나 중이염으로 인해 청력이 떨어졌을 때는 검은콩을 무르게 삶아서 먹으면 효과를 볼 수 있다.

🍴 **Recipe**
- 불린 검은콩을 넣어 밥을 짓거나 검은콩 간장 조림을 만들어 먹는다.
- 검은콩을 잘 씻어 아무것도 두르지 않은 팬에 볶아 분쇄기로 간 후 그 가루 1큰술 정도를 물 1/2컵에 타서 먹는다. 꿀을 곁들여도 좋다.

⊙ 중이염으로 인한 고름을 빼내는 **우엉**

우엉은 고름을 빨리 내보내주고 열을 내리게 하며 소염이나 진통 작용을 하기 때문에, 예부터 중이염의 민간 치료제로 사용되어왔다. 특히 한방에서 '우방자'라 하는 우엉 씨를 은근한 불에 달여 하루 3회 공복에 마시면 효과가 좋다. 단, 우엉 씨는 약효가 너무 강하므로 아이들에게 먹일 때는 조심해야 한다.

🍴 Recipe

- 우엉을 잘 씻어 껍질을 벗긴 후 도톰하게 저민 조각 5~6개 정도를 물 2컵과 함께 은근한 불에 끓인 뒤 체에 걸러 수시로 마시게 한다.

> **Tip** 염분 부족으로 인해 발생하는 귀 질환
>
> 개인에 따른 체질 차이가 있으나, 체내에 염분이 부족해지면 귀가 갑자기 멍해지거나 귀뚜라미 소리가 나거나 중이염이 생길 수도 있다. 이러한 원인으로 귀에 문제가 있을 때는 잠시 음식을 짜게 먹는 것이 도움이 될 수 있다. 따뜻한 물이나 달지 않은 차에 죽염을 조금 넣어 마시거나 국물의 간을 짭짤하게 하여 먹으면 도움이 된다. 다시마와 멸치를 달인 물에 죽염을 타서 1일 2회 차처럼 마셔도 좋다. 식이요법과 함께 가벼운 달리기나 맨손 체조 같은 전신 운동을 병행하면 증상을 완화하는 데 도움이 된다.

귀의 염증과 이명을 없애주는 한방 차

일상에서 즐기는 따끈한 차 한 잔으로도 우리 아이의 귀를 건강하게 지켜낼 수 있다. 세균에 대한 저항력이 높은 산수유차는 중이염을 초기에 잡아준다. 또 향긋한 들국화차나 산딸기차는 이명 해소에 그만이며, 귀에 염증이 생겼을 때 마시면 특히 높은 효과를 기대할 수 있다.

⊙ 저항력을 높여주는 **산수유차**

산수유는 산수유나무의 열매로, 한방에서는 '산수육'이라고도 부른다. 산수유의 씨를 빼내고 달여 마시면 신진 대사를 촉진시켜주고 세균에 대한 저항력을 높여주어, 이명은 물론 중이염이 만성화되는 것을 예방해준다.

🍴 Recipe

- 말린 산수유 10g(1/4컵)에 물 5컵을 붓고 은근한 불에 끓인다. 양이 반 정도 줄어들 때까지 달인 뒤 체에 걸러 하루 2~3회 마신다.

⊙ 이명을 완화해주는 **들국화차**

들국화차는 정향 작용이 있어 코가 맹맹한 증상이나 두통에 탁월한 효과를 보인다. 《본초강목》에 의하면 들국화차를 오래 마시면 얼굴빛이 좋아지고 몸이 가벼워지며 쉬 늙지 않는다고 한다. 이명을 완화하는 데 효과가 있다.

🍴 Recipe

- 말린 국화 10g(1/2컵)을 물 8컵과 함께 중약불에서 30분 정도 달여 수시로 마신다.

⊙ 이명을 가라앉히는 **뽕잎차**

뽕잎은 다양한 약리 작용을 하여 오래 전부터 신선엽이라 불리며 사랑을 받아왔다. 뽕잎에는 철분, 칼슘, 섬유소 등이 풍부하여 피를 맑게 하고 노화를 억제해준다. 또한 당뇨병, 고혈압, 뇌졸중, 동맥경화, 심장병 등을 예방하는 데 효과가 있는 것으로 알려져 있다. 이명 현상이 있을 때 마시면 효과를 볼 수 있다.

🍴 Recipe

- 팔팔 끓였다가 한 김 식힌 물 4컵에 뽕잎 5g(1/4컵)을 넣어 5분 정도 우린 후

체에 거른다. 식혀서 서늘한 곳에 두고 수시로 먹는다.

⊙ 중이염을 완화하는 **석류차**

석류는 여성의 노화 예방에 특효가 있다 하여 요즈음 큰 인기를 얻고 있는 과일이다. 그 외에도 동맥경화를 억제하는 효과가 있으며, 중이염을 완화하는 효능도 가지고 있다.

Recipe

- 잘 익은 석류로 즙을 내어, 따뜻한 물 1잔에 과즙 4~5숟갈 정도를 타서 마신다.
- 석류를 얇게 썰어 넣고 뜨거운 물을 부어 우려 마시는 방법도 있다. 이때는 물 1잔에 석류 한두 쪽을 담갔다가 마시면 되는데, 아이들에게는 설탕이나 꿀을 조금 타주는 것도 좋다.
- 아이가 석류의 신맛을 싫어한다면 꿀에 재워 먹이는 방법도 활용해볼 만하다. 석류 알맹이 1컵에 꿀 1컵을 넣어 재웠다가 차에 타서 마신다.

⊙ 이명에 효과가 있는 **현미차**

현미는 정제된 백미에 비해 비타민과 미네랄이 풍부하며 필수 아미노산과 필수 지방산, 섬유소가 풍부하다. 각종 난치성 질환이나 성인병 예방에 효과가 있으며, 이명이 있을 때도 효과를 기대할 수 있다.

Recipe

- 현미 1/2컵을 깨끗이 씻어 물기를 제거한 뒤 아무것도 두르지 않은 냄비에

넣고 살짝 볶는다. 여기에 물 5컵을 붓고 팔팔 끓인 다음 체에 내려 수시로 마신다. 현미와 콩을 함께 볶아 가루를 낸 뒤 차처럼 마시는 것도 좋은 방법이다.

⊙ 중이염 치료 효과를 높이는 **살구차**

살구는 노화를 방지하며 눈을 밝게 해주는 과일로 천식, 진해, 거담 등의 기관지 질환에도 효능을 보인다. 중이염이 있을 때 차를 만들어 마시면 치료 효과를 높일 수 있다.

🍴 Recipe

- 살구를 껍질이 노릇해질 때까지 볶다가 물을 붓고 끓인다. 체에 걸러 차로 마시는데, 아이들에게는 꿀을 조금 넣어 주어도 좋다.

⊙ 이명을 해소를 돕는 **산딸기차**

산딸기는 몸이 허할 때 기운을 북돋워주며 노화를 방지해주는 과일로 알려져 있다. 암이나 당뇨 등의 치료 효과를 높이는 데도 효과가 있으며, 이명 해소에도 도움이 된다.

🍴 Recipe

- 제철에 수확한 산딸기를 잘 씻어 물기를 제거한 다음 설탕에 재웠다가 차를 만들어 마신다. 또는 말린 복분자 20g에 물 8컵을 붓고 중불에서 30분 정도 끓인 다음 체에 내려 하루 2~3회 마신다.

건강한 귀를 위한 생활 수칙

시력이 그렇듯이 청력도 한 번 나빠지면 다시 좋아지기 힘들다. 어린 시절 소음성 난청이나 중이염 등의 질환에 걸렸을 때 제대로 치료하지 않으면 난청이나 이명 현상이 평생 가는 경우가 많다. 특히 난청은 나이가 들수록 정도가 심해져 일상 생활 자체를 힘들게 만든다. 무엇보다 중요한 것은 예방이다. 자녀가 평소 귀 건강을 지킬 수 있는 생활 습관을 갖도록 지도해야 한다.

⊙ 귀 청소는 열흘에 한 번 면봉으로

귀이개로 귓속을 파내는 것은 외이에 상처를 줄 수 있으니 각별히 주의해야 한다. 외이는 에스컬레이터와 같은 구조로 되어 있어 귀지가 생기면 저절로 밖으로 배출되도록 되어 있다. 따라서 머리를 감거나 샤워를 한 뒤에 부드러운 수건으로 귓가의 물기를 제거하는 정도로도 관리는 충분하다. 하지만 꼭 청소를 해야겠다면 열흘에 한 번 정도 면봉으로 가볍게 닦아내 귀지를 제거하도록 한다.

⊙ 과도한 생활 소음에 주의

반복되는 소음은 귀 안쪽에 있는 세포에 이상을 일으켜 소음성 난청을 유발한다. 노래방, 영화관, 공사장, 비행장, 전철역, 공장, 사격장 등 소음이 심한 곳은 피하는 것이 귀 건강에 좋다. 자녀가 DMB 폰이나 MP3, PMP 등을 통해 데시벨 높은 소리를 장시간 듣는다면 주의를 주어야 한다.

⊙ 급격한 기압 변화에 주의

기압의 급격한 변화는 귀 건강에 해로울 수 있다. 평소 귀가 건강하지 않은 사람은 급격한 기압 변동을 일으킬 수 있는 비행기 여행이나 스킨스쿠버 활동 등을 피하는 것이 좋다. 또 옆으로 누워서 자는 습관이 있으면 한쪽 귀가 눌려 혈액 순환이 안 될 수도 있으므로, 아이의 수면 습관을 잘 살펴보도록 한다.

⊙ 귀에 물이 들어가면 화장지로

귀에 물이 들어갔다고 해서 귀를 후비면 외이도염을 일으킬 수 있으니 절대 귀를 후벼서는 안 된다. 그럴 땐 물이 들어간 쪽의 귀를 아래로 하고 누워서 물이 저절로 밖으로 나오게 하는 것이 가장 좋으며, 귀에 물기가 남아 있을 때도 면봉으로 닦기보다는 화장지를 부드럽게 말아 귀에 살짝 넣어주는 것이 좋다.

◉ 기초 체력 유지가 중요

염증을 예방하기 위해서는 기초 체력을 강화하는 것이 중요하다. 또한 정신적, 육체적 스트레스를 줄이고 손발을 자주 씻어 면역력을 키우는 데도 신경 써야 한다. 평소 녹황색 채소를 충분히 먹는 것도 도움이 된다. 알레르기성 질환이 있는 경우에는, 알레르기를 일으키는 음식뿐 아니라 먼지나 곰팡이, 간접 흡연 등을 피하는 것도 중요하다.

Part 3
눈

요즘 어린이들은 태어나면서부터 TV, 컴퓨터, PMP 등 온갖 디지털 기기를 접하기 때문에 조금만 관리를 소홀히 해도 눈이 나빠지기 십상이다. 눈 건강은 한번 해치면 회복하기 어렵기 때문에 평소 관심을 갖고 철저하게 관리해야 한다. 일찍부터 시력 검사를 받게 하고, 독서 습관을 바로잡아주며, 눈에 좋은 마사지와 한방 차들을 챙긴다면 아이의 눈을 평생 밝고 건강하게 지킬 수 있다. 엄마의 작은 관심이 아이의 눈을 편안하게 한다는 것을 기억해야 할 것이다.

알아두면 도움이 되는 눈의 구조와 기능

눈은 탁구공 크기의 작은 기관임에도 불구하고 인간의 감각기 가운데 가장 복잡하고 정교하게 분화되어 있다. 구조상으로는 3개의 막과 6개의 근을 가지고 있는데, 구조와 기능도 복잡한 데다 질환이나 손상도 쉽게 생기기 때문에 각별한 관리가 필요하다.

전체의 4/5 정도가 두개골의 안와眼窩 내부에 놓여 있는 안구는 기본적으로는 섬유층, 혈관층, 내층 등 3개의 층으로 구성되어 있다.

우선 각막에는 혈관이 없다. 일반적으로 검은 동자라고 불리는 각막은 눈의 가장 바깥쪽에 있는 투명한 무혈관 조직으로, 0.5mm정도의 막이다. 빛을 굴절시키는 동시에 빛을 접속시켜 망막에 도달시키는 창의 역할을 하며, 안구를 보호하는 방어막 기능도 겸한다. 대기와 직접 접하고 있다 보니 건조해지기 쉬운 곳이다. 특히 콘택트렌즈를 사용하는 경우, 각막이 자극을 받기 때문에 충혈 등의 문제가 발생할 수 있다. 최근에 산소가 투과되는 콘택트렌즈가 나온 것도 각막을 보호하기 위해서다.

수정체는 탄성을 가진, 눈 주위를 둘러싼 근육이다. 먼 곳을 주시할 때는 얇아지고, 가까운 곳을 볼 때는 두꺼워지는 방식으로 움직여 망막에 상이 정확히 맺히도록 한다. 그렇기 때문에 수정체가 제 역할을 하지 못하면 망막 아닌 곳에 초점을 맞춰, 망막에는 초점이 맞지 않은 상이 비친다. 근시는 초점이 앞에 맞춰지는 경우이고, 원시는 그 반대로 초점이 뒤에 맞춰지는 경우이다. 그래서 근시일 때는 오목렌즈를, 원시일 때는 볼록렌즈를 보강하여 빛의 굴절을 조정해 망막에서 정확히 초점이 맞도록 돕는다. 나이가 들면 수정체의 탄력성이 떨어지면서 노안이 오게 되고, 수정체의 투명도가 낮아지면서 백내장 같은 질병이 찾아온다.

홍채는 각막과 수정체 사이에 있는 것으로 카메라의 조리개에 해당하는 부분이다. 홍채의 중앙에는 빛을 통과시키기 위한 창 역할을 하는 동공이 있다. 홍채에 있는 멜라닌 색소에 따라 눈동자의 색이 결정된다. 색소가 많으면 갈색, 적으면 청색 눈동자가 된다.

동공은 홍채의 중심 부위에 있는 검은 부분을 말한다. 빛이 많아지면 크기가 작아지며, 반대로 어두워지면 커진다. 동공이 검은 것은 안구 속의 맥락막이 보여서다. 맥락막은 안구벽의 중간층을 형성하는 막인데, 혈관과 멜라닌 세포가 많이 분포하며, 외부에서 들어온 빛이 분산되지 않도록 막는 역할을 한다.

망막은 안구의 뒤쪽 2/3를 덮고 있는 투명한 신경 조직이다. 마치 카메라의 필름 같은 기능을 하는 곳이다. 즉 물체의 상이 맺히는 곳이라는 말이다. 안구의 가장 뒤쪽에 위치하는 망막에는 원추 세포와 간상 세포라는 시세포가 있어, 맺힌 상을 시신경을 통해 대뇌로 보내는 기능을 한다.

눈꺼풀은 7초 정도마다 반사적으로 깜빡거리고, 체액을 안구 앞쪽으로 이동시켜 안구가 건조해지지 않도록 한다. 이는 안구가 새로운 위치에 초점을 맞출 때 흐려 보이는 현상을 막기 위한 것이기도 하다. 또한 움직이는 물체가 눈에 접근할 때 반사적으로 깜빡거리는 것은 눈을 보호하는 데 있어 매우 중요한 기능이라고 할 수 있다.

눈물 분비 기관은 누선과 연속된 관으로 구성되어 있다. 즉 뇌신경 안에 있는 안면 신경의 부교감 신경에서 나온 전달 물질이 누선淚

腺에 도달해 눈물이 분비되고, 관을 통해 눈물이 비강으로 흘러들어 간다. 누선은 대략 아몬드 크기의 모양으로 안와 바깥 위쪽에 있고, 복합관포상선으로 여러 개의 눈물관을 통해 위 눈꺼풀의 결막낭에 눈물을 분비한다. 그렇게 하여 눈꺼풀이 깜빡거릴 때마다 눈 표면에 눈물이 나오는 것이다.

눈물은 윤활 역할을 하는 점액 분비물이다. 리소자임이라는 박테리아 용해 물질이 있어, 감염 가능성을 줄여준다. 대개 하루에 양쪽 눈 각각의 누선에서 약 1ml 정도씩 생성되는데, 자극을 일으키는 물질이 결막에 닿게 되면 더 많은 눈물이 분비된다. 자극 물질을 희석하고 씻어내면서 눈을 보호하기 위한 것이다. 눈물은 작은 틈 두 군데로 흘러 들어가는데, 이곳이 바로 누점 즉 눈물점이다. 누점은 누구, 즉 눈물 언덕 양쪽에 자리를 잡고 있다. 이곳에서 시작해 상, 하 눈물 소관을 통해서 누낭, 즉 눈물 주머니로 흘러들어가고 비루관, 즉 코눈물관을 지나서 비강의 하비도, 즉 아래콧길로 흘러간다.

눈썹은 눈으로 들어가는 햇빛을 가리기도 하며, 동시에 땀을 비롯해 눈으로 떨어지는 여러 오염 물질도 막아준다. 눈썹 피부 아래에는 안륜근, 즉 눈둘레근의 안와 부분과 추미근의 일부분이 있다. 이 두 근육 중 하나가 수축을 하면 눈썹이 움직이는데, 주로 반사적으로 움직인다. 근본적으로는 눈을 보호하기 위한 기능이라고 할 수 있다.

눈꺼풀 안에는 결막이라는 얇은 막이 있다. 여기서 나오는 점액은 눈물샘에서 분비된 눈물과 함께 눈을 깜빡거릴 때 결막과 각막이 건조해지지 않도록 해주고, 세균을 씻어낸다. 점액 등이 말라서 딱딱해지는 것이 눈곱이다.

어린이 시력 관리, 엄마가 해야 한다

초중고생 10명 중 4명이 안경을 착용하고 있거나 착용해야 하는 상태라고 한다. 예전에 비해 학생들이 눈 건강을 악화시킬 만한 요인에 더 많이 노출되어 있기 때문이다. 요즘 아이들 주변에는 책과 텔레비전, 컴퓨터 모니터 등 '봐야 할' 것들이 무척이나 많다. 그런데 이것들은 모두 눈 건강에는 적이라 할 수 있다.

사람은 시력이 완성되지 않은 상태로 태어나기 때문에, 신생아의 시력은 0.05 정도다. 생후 1년이 되어야 겨우 0.1 정도에 이른다. 때문에

돌 이전의 아기들은 사람과 사물을 희미한 형태로만 볼 뿐이고, 주로 냄새와 소리로 주변을 구분한다. 이후 성장하면서 시력이 점차 발달해 6세 전후에 약 1.0에 도달한다. 그런데 아이의 눈이 정상 시력에 도달하기 전에 시력 발달에 지장을 주는 요인이 발생하면 성인이 되어서도 정상 시력을 갖지 못하는 수가 있다.

하지만 이 시기의 아이들은 스스로 시력이나 눈 건강을 관리할 수 없기 때문에 항상 가까이에 있는 엄마가 아이의 성장을 지켜보면서 시력 발달에 문제가 없는지 꼼꼼히 살펴줘야 한다. 취학 전에 가장 눈여겨봐야 할 것은 약시다. 약시는 안경이나 콘택트렌즈를 껴도 정상 시력이 나오지 않는 상태를 말한다. 어른이 되어 교정 수술을 한다고 해도 예후를 보장할 수 없기 때문에 더욱 위험하다. 따라서 시력 발달의 90% 이상이 이루어지는 만 6세 이전에 발견해 치료하는 것이 무엇보다 중요하다.

이미 나빠진 상태라면 안경으로 교정을 해줘야 한다. 어린아이에게 안경을 씌우기를 꺼리는 경우가 많은데, 그러다 영구적인 시력 장애를 유발할 수도 있다는 것을 기억해야 한다. 성인은 이미 성장이 멈춘 상태여서 안경을 착용하지 않아도 시력이 더 나빠지지 않지만, 어린아이들의 경우는 다르다. 교정을 위해 안과 의사가 안경을 써야 한다고 판단을 내렸다면 착용하는 것이 좋다. 특히 아이가 약시라면 안경 착용을 미룰수록 시력이 더욱 나빠진다. 우선 최대한 시력을 발달시켜놓은 다음, 정상 시력에 도달하면 안경을 벗을 수 있도록 조치해야 한다.

하지만 아이들은 자기 표현이 서툴기 때문에, 자녀의 눈에 생긴 이상이나 시력 장애를 부모가 알아내기란 쉽지 않다. 아이들은 멀리 볼 일이 별로 없으므로 시력 장애가 있어도 발견하기가 어렵다. 또 한쪽 눈에만 이상이 있는 경우 다른 쪽 눈이 좋으면, 아이 스스로 시력 이상을 느끼지 못하는 경우가 많다.

따라서 어린이들의 시력 관리를 위해서는 정기 검진이 무엇보다 중요하다. 안과 검진은 보통 만 4세 전후에 시작하는데, 후천성 사시, 굴절 이상, 약시 등 정상적인 시력 발달을 저해하는 질환들은 만 5세 이전에 발견해야 치료 효과를 높일 수 있다. 평소 아이를 주의 깊게 살펴보고, 시력을 약화시킬 요인은 제거하는 것이 가장 좋은 예방책이다. 또한 올바른 식생활 교육을 통해 편식하지 않고 영양을 고루 섭취하게 하는 것도 중요하다.

> **Tip 시력이 떨어지면 두뇌 활동도 떨어진다**
>
> 안경을 쓰면 왠지 지적으로 보인다는 일반적인 생각이 있다. 하지만 실상은 조금 다르다. 물론 공부를 열심히 하다 시력이 나빠져 안경을 쓰게 된 경우도 있겠지만, 일반적으로는 시력이 떨어져 사물을 선명하게 볼 수 없게 되면 사물에 대한 인식력이 떨어져 집중력이나 사고력, 기억력도 함께 떨어지는 게 보통이다. 따라서 성장기에 시력 이상이 감지되면 정확한 검사를 통해 안경을 착용하는 것이 가장 좋다.

시기별로 체크하는 어린이 이상 시력

　초등학교 2학년인 정환이는 학교에서 실시한 시력 검사에서 0.6이라는 결과를 받았다. 깜짝 놀란 정환이 어머니는 부랴부랴 안과를 찾았는데, 거기서는 더 놀라운 이야기를 듣게 되었다. 정환이가 백내장을 앓고 있다는 것이었다. 정환이는 아토피 피부염이 심한 상태였는데, 그 영향으로 백내장이 온 것일 수도 있다고 했다. 요즘 정환이는 아토피 피부염과 백내장 치료를 동시에 받고 있다.
　자녀가 별다른 이상을 호소하지 않는 한 시력 장애를 간파하기란 쉽지 않다. 따라서 특별한 이상이 없더라도 갓난아기 때부터 정기적으로 눈 검사를 받는 것이 좋다. 그래야 눈 질환이 생겨도 조기에 발견하여 정상적인 시력 발달을 유도할 수 있다.

⊙ 생후 6개월 이전

선천적인 질환이 없는지 잘 살펴봐야 하는 시기다. 장애나 불편이 있더라도 아기가 스스로 표현을 못하는 때이므로 겉으로 보기에 별 이상이 없더라도 안과 검진을 받아보는 것이 좋다. 이 시기에 발생할 수 있는 안과 질환으로는 눈곱이 많이 끼는 세균성 결막염을 비롯해, 눈물 배설로가 막혀서 눈물과 눈곱이 많이 나오는 선천성 비루관 폐쇄, 안압이 올라서 밝은 빛을 싫어하며 자주 깜박거리고 눈물을 잘 흘리는 선천성 녹내장, 검은 동자 속의 애기동자가 하얗게 보이며 물체를 잘 못 보는 선천성 백내장 등이 있다.

⊙ 생후 6개월~6세

한창 시력이 발달하는 중요한 시기다. 또한 양쪽 눈이 한 물체를 동시에 볼 수 있는 입체시 기능도 이 시기가 지나면 더 이상 형성되지 않는다. 따라서 정기적인 안과 검진을 통해 시력 이상이 없는지 계속 확인하는 것이 좋다.

이 시기에 체크해야 할 대표적인 안과 질환은 사시다. 일반적으로는 두 눈의 시선이 한 물체를 향하는데, 사시가 되면 한쪽 눈이 다른 방향으로 몰리는 증상을 보인다. 갓난아기들은 상당수가 약간의 사시 증상을 보인다. 하지만 출생 후 6개월이 지나면 두 눈으로 하나의 물체를 볼 수 있는 능력이 발달하게 된다. 만약 6개월이 지났는데도 눈의 위치가 정상이 아니거나 밝은 곳에서 한쪽 눈만 찌푸리는 증상이 있다면 사시를 의심해봐야 한다.

또한 시력은 6세까지 발달이 완성되므로 특수한 사시를 제외한 일반적인 사시는 이 시기에 치료를 끝내야 한다. 가성내사시는 양쪽 눈의 사이가 넓고 콧잔등이 낮아서 눈이 코 쪽으로 몰린 듯이 보이는 경우다. 대부분 5세쯤 되면 자연 교정되는데, 심하면 성형수술을 하기도 한다.

이 시기에 한 가지 더 유의해야 할 눈 질환은 약시다. 약시는 두 눈 모두에 문제가 있는 경우도 있지만, 대개 한쪽 눈의 시력 발달이 정상인데 다른 한쪽 눈은 시력 발달이 안 되어 있는 경우가 많다. 선천성, 또는 사시로 인해 발생하는 경우가 흔하지만 사시와 달리 외견상 특별한 이상이 없어 발견이 늦어지는 경우가 많다.

⊙ 6세 이후

아이의 성장이 빨라져 신체 변화가 급속도로 진행되는 6세 이후에는 근시가 발생하기 쉽다. 특히 이때는 책이나 TV, 컴퓨터 등을 접하는 일도 많아지기 때문에 눈의 피로나 시력 저하가 일어날 수 있다. 아이가 책을 지나치게 가까이 들여다본다거나, 먼 곳을 볼 때 눈을 가늘게 뜨거나 찡그린다면, 또는 칠판 글씨가 잘 안 보인다고 한다면 근시를 의심해봐야 한다.

근시는 일단 시작되면 근본적으로 고치거나 진행을 막기가 불가능하다. 이럴 때는 아이의 시력에 맞는 안경이나 콘택트렌즈를 사용하여 시력을 교정하는 것이 최선의 방법인데, 어릴 때는 콘택트렌즈보다는 상대적으로 안전한 안경을 착용하는 것이 좋다. 근시가 있는 아이들은 6개월에 1회 정기적인 시력 검사를 받고 시력을 교정해나가야 한다. 또한 근시가 없더라도 1년에 1회 정도 시력 검사를 받아 근시의 발생 여부를 점검하는 것이 좋다.

아이들을 괴롭히는 대표적인 눈 질환

아이들에게 결막염은 감기만큼이나 흔한 병이다. 특히 여름 휴가철이면 어린이들의 눈 건강에 초비상이 걸린다. 면역력이 약한 아이들 눈에 오염된 물이나 먼지 등이 들어가면 눈병이 생기기 쉽다. 그런 데다 아이들은 스스로 손이나 눈을 위생적으로 관리하는 능력이 부족하다. 그래서 눈이 뻑뻑하거나 불편한 느낌이 들면 이내 손으로 비비거나 만진다. 그렇기 때문에 부모의 관심이 중요한 것이다. 특히 눈병이 유행할 때는 바깥 출입을 줄이고, 평소 손을 자주 씻는 습관을 갖도록 지도해야 한다.

◉ 유행성 각막염과 결막염

물놀이철이나 황사철에 어린이들이 가장 많이 걸리는 질환이다.

각막이나 결막에 충혈을 동반한 염증이 생기기 때문에 일명 '핑키아이Pinky eye'라고도 부른다. 1년 중 어느 때나 걸릴 수 있는 질환이긴 하지만, 대개는 여름철에 아데노바이러스에 의해 발생한다.

유행성 결막염에 걸리면, 우선 눈이 아프고 눈곱과 눈물이 많이 나온다. 그런 다음엔 한쪽 눈이나 두 눈이 모두 붉게 충혈되거나 화끈거리며 가렵고, 이물감과 눈부심 등의 증상을 보인다. 아이들은 거기에 두통이나 열, 설사 등 가벼운 감기 증상이 동반되거나 귀 앞의 임파선이 붓기도 한다.

이 질환은 주로 눈물이나 더러운 손, 눈곱, 수건, 침구, 옷 등을 통해 감염된다. 전염성이 매우 강해서 수건이나 세면 도구를 질환에 걸린 사람과 함께 사용하거나, 오염된 수영장 물이 눈에 들어가면 옮는다. 따라서 예방을 위해서는 손을 깨끗이 씻고 개인 위생에 만전을 기해야 한다. 2차 감염이나 합병증이 없으면 1~3주 후 저절로 낫는 것이 보통이지만, 자가 치료를 하게 되면 후유증이나 시력 손상이 올 수 있으니 병원에 가서 적절한 처방을 받는 것이 좋다.

⊙ 알레르기성 결막염

알레르기성 결막염은 그 원인과 증상이 매우 다양하다. 유전적인 영향도 커서, 알아보면 환자 가족 중에 알레르기성 질환을 앓고 있는 사람이 있는 경우가 많다. 또한 비염 환자의 70%가 눈의 가려움증을 호소하거나 충혈 증상을 보이는 것을 보면, 알레르기성 비염과도 밀접한 관련이 있다는 것을 알 수 있다. 이런 경우엔 알레르기성 비염을 치료하면 대개 결막염도 저절로 낫는다.

일단 증상이 나타나기 시작하면 눈이나 눈꺼풀이 가렵고 통증이 생기며, 따끔거리는 증상과 함께 결막이 충혈된다. 눈꺼풀이 부어오르며, 본래는 투명하던 각막 주변이 분홍빛으로 변하기도 한다. 결막에 젤리 같은 눈곱이 생기기도 하는데, 이때는 차가운 물수건으로 눈을 마사지해주면 한결 좋아진다.

꽃가루가 날리는 봄철이나 가을철에는 특히 더 조심해야 하며, 일교차가 심한 환절기에도 조심하는 것이 좋다. 또한 에어컨 바람, 먼지, 곰팡이 등이 원인이 되어 만성적으로 나타나기도 한다. 특히 아토피 피부염이 있는 유아나 미취학 아동들은 커가면서 알레르기성 결막염이나 기관지 천식을 앓는 경우가 많아 이를 '알레르기 행진'이라 하기도 한다. 눈을 비비거나 소금물로 씻으면 증상이 악화될 수 있으니, 면역력을 키우면서 꾸준히 치료를 받도록 한다.

⊙ 급성 출혈성 결막염

엔테로바이러스에 의한 눈병으로, 흔히 '아폴로 눈병'이라고도 부른다. 1969년 아폴로 11호의 달 착륙 시기와 맞물려 아프리카에서 대대적으로 발병해, 전 세계적으로 대유행하면서 '아폴로 눈병'이라는 별칭이 붙게 되었다. 증상과 치료 방법은 유행성 각막염이나 결막염과 비슷하다. 추가 증상으로는 갑작스런 충혈이나 통증이 있고, 미세한 혈흔으로 보이는 분비물이 나오기도 한다. 대개 일주쯤 지나면 점차 호전되는데, 5년이나 10년을 주기로 유행하기도 한다.

◉ 인두결막염

인두결막염은 주로 휴가철에 극성을 부리는 안질환으로, 염소 처리한 수영장 물에서도 감염이 된다. 인두결막염에 걸리면 38.5~40°C 정도로 열이 오르면서 목이 아프고 림프선 통증이 오기도 한다. 대개 10일 정도 지나면 자연적으로 치유되지만, 어른보다는 어린이가 많이 걸리고 고열을 수반하기 때문에 나이가 어릴수록 위험하다.

◉ 각막염

강력한 자외선에 의해 각막에 염증이 생기는 병이다. 눈이 충혈되고 부어오르며, 눈물과 함께 통증이 온다. 대개 1~3일 정도 지나 증상이 사라지지만, 초기에 안정을 취하고 치료를 받아야 한다. 눈을 안정시키고 휴식을 취하며 눈두덩에 차가운 찜질을 하는 것이 좋다. 강한 자외선을 피하고 야외에서는 선글라스를 착용하는 것이 좋다.

◉ 다래끼

다래끼는 눈꺼풀에 염증이 생겨 빨갛게 부어오르는 눈병이다. 염증이 좁쌀만한 것이라 해도 눈꺼풀을 깜빡이면 통증이 느껴지며, 발생 부위에 따라서는 불편할 정도로 시야를 가릴 수도 있다. 대개는 포도상구균에 의해 염증이 생기는데, 면역력이 떨어졌거나 피로가 쌓이는 등 몸 상태가 전반적으로 좋지 않을 때 생기기 쉽다. 특히 스트레스를 받으면 쉽게 재발한다.

다래끼가 생겼을 때는 손으로 만지지 말고 눈을 깨끗이 하는 것이 중요하다. 다른 균에 의한 2차 감염이 일어날 수 있기 때문이다. 워낙 흔한 질병이다 보니 발생 원인과 치료법에 대한 속설도 많은데, 전염성은 전혀 없다. 그러나 계속 같은 부위에 다래끼가 난다면, 악성 종양일 수도 있으므로 전문적인 검사를 받아보는 것이 좋다.

눈이 불편할 때
아이들이 보이는 증상

아이들의 행동을 세심하게 관찰하면 눈의 이상을 빨리 감지할 수 있다. 특히 아이가 자기 표현이 서툰 영유아기일 때에는 부모의 민감한 보살핌이 매우 중요하다. TV나 책을 보는 자세를 잘 살펴, 눈이 불편할 때 나타나는 증상을 보이지 않는지 점검해야 한다.

⊙ **TV를 비뚤어진 자세로 보거나, 멍할 때 눈이 돌아가면 사시**

평소에는 괜찮은 것 같은데 아이가 피곤할 때, 울거나 웃을 때, 멍한 상태로 먼 곳을 바라볼 때 이따금씩 눈동자가 귀 쪽으로 돌아간다면 간헐성 외사시일 확률이 높다. 사시는 크게 눈이 코 쪽, 즉 안쪽으로 몰리는 내사시와 귀 쪽, 즉 바깥쪽으로 몰리는 외사시로 나눌 수 있다. 간헐성 외사시는 평상시에는 괜찮다가 이따금씩 눈이 바깥쪽으로 돌아가는 증상이다. 아이가 TV를 볼 때 고개를 삐딱하게 돌리거나, 외출을 했는데 심하게 눈부셔 하며 한쪽 눈을 찡그린다면 간헐성 외사시일 가능성이 있으므로 잘 관찰해야 한다.

손쉽게 알 수 있는 자가 진단 방법도 있다. 손바닥으로 아이의 한쪽 눈을 잠시 가렸다가 열어 관찰해본다. 정면을 바라볼 때는 바로 보다가, 한쪽 눈을 가렸을 때 가려진 눈의 눈동자가 바깥쪽으로 돌아간다면 간헐성 외사시를 의심해볼 수 있다.

⊙ 책을 오래 보지 못하면 안검내반

안검내반은 아래 눈꺼풀의 속눈썹이 안으로 말려들어가 눈의 까만 동자를 찌르는 증상으로, 눈에 자극을 주고 염증을 일으킨다. 아이가 눈을 자주 비비거나, 눈곱이 끼고 눈물이 고이며, 밝은 곳에서 눈을 뜨기 힘들어하면 잘 살펴봐야 한다. 특히 아래쪽을 볼 때는 속눈썹이 눈동자를 더 심하게 찌르기 때문에, 눈이 쉽게 피곤해진다. 그래서 책을 오래 보지 못하는 모습을 보인다.

성장하면서 자연적으로 교정될 수도 있지만. 속눈썹이 말려들어간 정도가 심한 경우에는 난시가 올 수도 있기 때문에 주의해야 한다. 특히 만 3세가 되면 안과에 가서 시력 검사와 함께 눈동자의 손상 유무를 알아보는 것이 좋다. 만 3~4세 이후에도 증상이 개선되지 않으면 속눈썹 근처의 피부 및 근육 일부를 잘라내는 수술을 해야 한다. 만약 위 눈꺼풀이 문제가 되는 경우라면 쌍꺼풀 수술로 대부분 해소할 수 있다.

◉ 정면 물체를 볼 때 턱을 쳐든다면 안검하수

아이가 정면의 물체를 볼 때 이마를 위로 들어올리고 턱을 치켜든 다면 안검하수를 의심해봐야 한다. 안검하수는 위 눈꺼풀을 올렸다 내렸다 하는 근육, 즉 위 눈꺼풀 올림근이나 신경에 이상이 생겨 눈꺼풀이 처지고 눈꺼풀 틈새가 작아진 상태를 말한다.

한쪽 눈에는 쌍꺼풀이 있는데 다른 쪽 눈에는 쌍꺼풀은커녕 주름조차 없고 눈꺼풀이 처져 있다면 선천성 눈꺼풀처짐증인 경우가 많다. 이렇게 눈꺼풀이 시선을 가리게 되면 시력 발달에 지장이 오고 약시가 생길 우려가 있다. 조기에 발견해서 수술하는 것이 좋다.

◉ 편두통을 호소할 땐 양쪽 눈의 시력 차이

아이들이 편두통을 호소할 때는 여러 가지 이유가 있을 수 있다. 정말로 머리가 아파서일 수도 있고, 비염이나 축농증 등이 원인일 수도 있다. 하지만 경우에 따라서는 시력 때문에 오는 두통도 의심해볼 수 있다. 난시가 심하거나 양쪽 눈의 시력 차이가 많이 나는 경우 편두통이 생길 수 있기 때문이다. 성장기 아이들이 유난히 두통을 호소할 때는 반드시 시력 검사를 받아봐야 한다.

눈 질환을 의심해볼 만한 증상들

- 양쪽 눈의 시선이 다르다.
- 물건을 볼 때 눈을 많이 찌푸린다.
- 고개를 기울이거나 얼굴을 옆으로 돌려서 본다.
- 눈을 자주 깜박이거나 비빈다.
- 일정한 곳을 주시하지 못하고, 시선이 고정되지 못한다.
- 미숙아였거나 유전 질환, 눈에 관련된 질환의 가족력이 있다.
- 생후 6개월이 지나도 눈을 잘 맞추지 못한다.

눈 질환에 대한 한방적 치료법

눈 질환을 고치는 한방 치료는 매우 다양하며, 효과 또한 주목할 만하다. 특히 안구건조증과 결막염, 녹내장을 치료하는 데는 한방적 처치가 특별한 효능을 보인다. 근시와 원시를 완화시키는 일도 한방에서만 가능하며, 눈의 피로와 충혈을 해소하고 눈빛을 맑게 만드는 데도 다양한 치료법이 활용된다.

⊙ 알레르기성 결막염

알레르기성 결막염 치료의 핵심은 간과 폐의 풍열을 제거하는 데에 있다. 일반적으로 한약 복용이나 침 요법이 적용되며, 열과 독을 없애주는 약재를 증류해 안약을 만들어 사용하기도 한다. 특히 한약 처방은 혈액 순환을 촉진하고 염증을 제거한다. 즉 한약을 쓰면 열과 화의 상승 기운을 막고, 오장 육부의 정상 기능을 회복시켜 기혈의 순환 작용을 원활히 하게 되는 것이다. 또한 면역 기능을 강화해 눈의 노화를 방지할 수 있고, 정상적인 진액 공급을 도와 안구 건조를 막으며, 눈곱이 덜 생기고 충혈되지 않게 한다. 만약 알레르기성 비염이 있다면 비염 치료와 병행하는 것이 좋다.

무엇보다 알레르기성 결막염은 알레르기의 원인을 제거하면서 근본적인 체질 관리를 병행해야 만성화되는 것을 막을 수 있다. 더불어 비염 치료를 같이 하면서 증상을 호전시키기도 한다.

⊙ 안구건조증

한방에서 안구건조증은 백삽白澁, 또는 안건삽眼乾澁이라고 한다. 안구조증의 치료 역시 오장 육부의 기본적인 기능을 강화해 약의 효과를 극대화하고, 스스로 질환을 이겨낼 수 있는 몸을 만드는 데 기본을 둔다. 좌우와 상하의 맥 균형을 잡을 수 있는 탕약을 처방해 증세를 호전시키고, 침과 한방 점안액 등을 써서 치료한다. 침은 눈 주위의 근육을 이완시켜 근육의 피로를 덜어주며, 혈액 순환을 도와 눈물샘 등 신경 조직 활동을 원활하게 한다. 증상이 경미할 경우에는 2~3개월 정도, 아주 심할 때는 6~8개월 정도 꾸준히 치료를 받아야 한다.

⊙ 근시와 원시

눈 질환은 눈만의 문제가 아니라 오장 육부의 전체적인 기능이 떨어지고 균형이 깨지면서 초래된 결과라고 할 수 있다. 수水와 화火 기운의 균형이 흐트러져 생기는 증상인 것이다. 기본적인 치료법으로는 전통적 진단법과 한방 기기를 통해 체질을 진단하고 개개인에게 적합한 한약을 사용하는 것이 있다. 이때 근시에는 화기를, 원시에는 수기를 보하는 약을 처방하게 된다. 이렇게 하여 오장 육부의 균형을 되찾고, 기혈 순환을 개선시켜 노폐물을 배출하면서, 눈 주위의 기혈 소통을 돕는 것이다.

시력이 좋아지는 눈 운동과 체조

한번 나빠진 시력을 되돌리기란 쉽지 않은 일이다. 하지만 눈 운동을 꾸준히 해주면 눈이 더 나빠지지 않을 뿐만 아니라, 오히려 조금씩 맑아지는 것을 느낄 수도 있다. 특히 시선을 길게 던져 먼 곳을 바라보는 눈 운동은 눈의 긴장과 피로를 덜어주기 때문에 수시로 해주는 것이 좋다. 자녀와 함께 해보며 자연스럽게 습관이 되도록 이끌어주면 매우 좋다.

조절력 높이는 이완 수축 운동

가까운 곳을 볼 때는 눈의 근육이 긴장되고, 먼 곳을 볼 때는 눈의 근육이 이완된다. 이 근육의 긴장과 이완을 의도적으로 빠르게 반복해주면 모양근의 탄력이 높아져 눈의 조절력이 좋아진다.

① 코 앞 10cm 거리에 엄지손가락을 세워 들고 8초간 바라본다.
② 앉은 자리에서 보이는 가장 먼 지점을 8초간 응시한다.
③ ①, ②의 동작을 연속적으로 6회 반복한다. 사물을 주시할 때는 최대한 집중해야 한다.

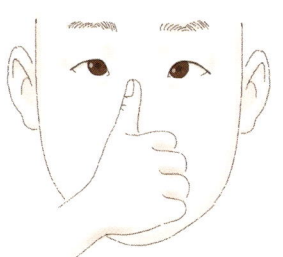

피로를 풀어주는 눈 체조법

평상시 습관적으로 사용하는 것과 다른 방법으로 안구를 움직여주면, 눈의 피로가 풀리면서 시원한 느낌이 든다. 눈 체조를 할 때는 2~3초 간격으로 눈을 감았다 떴다 하되 시선을 최대한 멀리 보내면서 진행한다. 이때 목과 얼굴을 움직이지 않도록 주의한다.

◉ 상, 하, 우, 좌 돌리기

① 눈을 감는다 → 눈을 뜨면서 위를 본다

② 감는다 → 뜨면서 아래를 본다

③ 감는다 → 뜨면서 오른쪽을 본다

④ 감는다 → 뜨면서 왼쪽을 본다.

⑤ 이것을 1세트로 하여 5회 반복한다.

◉ 우상, 좌하, 좌상, 우하 돌리기

① 감는다 → 뜨면서 오른쪽 위를 본다

② 감는다 → 뜨면서 왼쪽 아래를 본다

③ 감는다 → 뜨면서 왼쪽 위를 본다

④ 감는다→뜨면서 오른쪽 아래를 본다.

⑤ 이것을 1세트로 하여 5회 반복한 뒤 눈동자 굴리기 운동으로 넘어간다.

⊙ 눈동자 굴려 원 그리기

눈동자를 시계 방향으로 천천히 5번 굴리고 반대 방향으로 다시 5번 굴린다. 이때 가급적 먼 곳을 보며 최대한 큰 원을 그린다.

⊙ 좌, 우 돌리기

눈을 감았다 뜨며 좌, 우 방향으로 눈동자를 최대한 멀리 보내기를 10회 반복한다. 동작이 익숙해지면 차츰 회수를 늘려간다.

눈이 시원해지는 경락 마사지

눈은 간의 건강 상태를 들여다볼 수 있는 창이다. 실제로 피로가 누적되거나 간이 나빠지면 눈도 침침해진다. 따라서 눈 건강을 지키기 위해서는 평소에 피로가 쌓이지 않게 해야 한다. 특히 밤늦도록 공부하는 학생이라면 눈의 피로와 육체 피로가 동시에 쌓이기 때문에, 수시로 마사지를 해서 피로가 누적되지 않도록 하는 것이 좋다. 만져주면 좋은 혈자리 몇 군데를 알아두었다가 시간 날 때마다 마사지해주고, 자녀들에게도 스스로 눈을 지압하는 습관을 들이게 하는 것이 좋다.

⊙ 찬죽 마사지

양쪽 눈썹이 시작되는 안쪽에서 바로 아래로 2~3mm 정도 내려간 곳, 즉 안와뼈가 약간 들어간 지점을 양손 엄지 끝으로 부드럽게 자극한다. 지문으로 문지른다고 생각하면 쉽다. 찬죽혈 마사지는 근시와 원시, 난시 등 굴절 이상에 효과가 있고, 시신경 위축이나 안면 신경 마비, 초기 백내장에도 효과가 있다.

⊙ 정명혈 마사지

왼손 엄지손가락과 검지손가락으로 콧대가 시작되는 지점을 잡고 눌러준다. 이때, 눈동자를 압박하지 않도록 주의한다. 익숙해지면 양손을 번갈아 사용한다. 정명혈은 근시와 난시, 노안 등에 효과가 있고, 특히 눈물샘을 자극하여 안구가 건조해지는 것을 예방한다. 책이나 모니터 등으로 피로해진 눈과 머리를 풀어주고, 상쾌함을 준다.

⊙ 사백혈 누르기

정면을 바라봤을 때 눈동자를 기준으로 눈에서 3cm 정도 아래에 사백혈이 있다. 대강 양볼의 광대뼈 부분에 해당되는데, 이 부분에 양손의 검지와 중지를 대고 약간 아플 정도로 돌리면 시원한 느낌이 든다. 엄지손가락으로 턱을 받쳐주면 한결 편하다. 눈의 피로를 풀어주는 것은 물론이고, 근시와 난시 등의 굴절 이상이 있을 때 조절력을 높여주며, 편두통이나 신경통에도 효과가 있다.

⊙ 태양혈 마사지

두 손으로 머리를 가볍게 쥔 뒤 엄지손가락으로 관자놀이 부분을 꾹꾹 눌러준다. 처음에는 약하게 하다가 조금씩 세게 누르는데, 마지막에는 길게 꾹 눌러준다. 사백혈 마사지와 마찬가지로 근시나 난시 등의 굴절 이상이나 편두통, 신경통에도 효과를 발휘하며, 눈의 피로도 풀어준다.

⊙ 합곡혈 마사지

손등의 엄지손가락 뼈와 검지손가락 뼈가 만나는 손등 부위에 가상의 삼각형을 그려 움푹

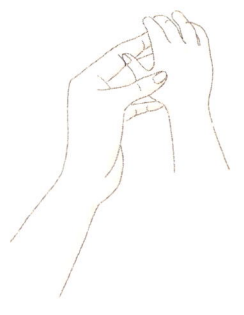

들어간 부위를 엄지손가락 끝으로 자극한다. 이때 나머지 네 손가락은 손바닥에 가볍게 붙이고 '하나, 둘, 셋' 까지는 점점 깊게 눌러주고 '넷'에 살짝 풀어주기를 반복한다. 양손을 번갈아 실시한다. 굴절 이상인 경우 시력을 회복시켜주며, 백내장이나 시신경 위축 등의 경우에도 효과가 있다.

> **Tip 손바닥 온열 마사지**
>
> 양쪽 손바닥의 맨 아래 부분을 서로 마주대고 열이 날 때까지 비빈 후 눈에 갖다 댄다. 이때 약간 통증이 느껴질 정도로 지그시 눌러주는 것이 좋다. 20초간 누르고 10초간은 밝은 곳을 응시하는 식으로 반복한다. 눈이 피로할 때 수시로 해주면 한결 시원한 느낌이 든다.

눈 기능을 되찾아주는 한방 레서피

눈은 하루 종일 쉬지 않고 일을 한다. 게다가 섬세한 신경 세포가 분포되어 있어 피로도 쉽게 느낀다. 식습관도 눈 건강에 직접적인 영향을 미치는데, 눈을 건강하게 관리하기 위해서는 평소 무기질과 비타민이 풍부하게 함유된 식품을 섭취하는 것이 좋다. 특히 눈에 피로가 느껴지거나 충혈될 때, 시력이 떨어질 때는 눈을 위한 음식을 별도로 챙겨 먹는 것이 좋다.

⊙ 비타민 A가 가득한 간

비타민 A가 함유된 음식을 충분히 섭취하면, 시력 감퇴뿐 아니라 눈이 뻑뻑하고 쉬 피로해지며 아픈 안구건조증과 결막염, 야맹증 등도 사전에 예방할 수 있다. '눈의 비타민'이라 불리는 비타민 A는 냉이나 호박, 토마토, 사과, 부추, 칠성장어, 당근, 효모, 해조류, 쑥갓, 시금치, 파슬리 등에 많이 함유되어 있다. 그러나 비타민 A가 많은 식품으로는 뭐니뭐니 해도 동물의 간을 빼놓을 수 없다. 닭 간은 4만7천 I.U, 돼지 간 4만3천 I.U, 소 간은 4만 I.U나 들어 있어 가히 '비타민 A 덩어리'라 할 만하다.

간을 우유에 20~30분쯤 재웠다 얇게 저며서 전을 부친다. 또는 간을 삶아 식힌 뒤 양념장에 찍어 먹어도 좋다.

◉ 신경 비타민이 많은 **고등어**

비타민 B1, B6, B12는 '신경비타민'이라 불릴 정도로 우리 몸의 신경 대사를 활발하게 하는 데 중요한 영양소다. 특히 비타민 B12는 망막이 빛을 느낄 때 사용된다. 비타민 B1은 참밀의 눈, 돼지고기, 김, 깨, 땅콩, 현미, 콩 등에 많고, 비타민 B2는 김, 간, 말린 표고버섯, 미역, 청국장, 달걀, 녹색 채소에 많다. 비타민 B6는 콩과 콩 제품, 간, 고등어, 연어 등에 많고, 비타민 B12는 간, 고등어, 정어리, 청어 등에 많이 들어 있다. 눈과 두뇌를 좋게 하기 위해 고등어 등의 생선은 껍질째 먹는 것이 바람직하다.

◉ 칼륨이 많은 **사과**

부드러운 눈 조직을 보호하는 작용을 하는 칼륨은 우리 몸에 필수적인 영양소이며, 눈에는 특히 필요한 무기질군이다. 칼륨이 많은 음식으로는 사과가 대표적이며, 바나나, 감자, 고구마, 꿀에도 상당량 함유되어 있다.

⊙ 결막염에 효과가 있는 **치즈**

우리 몸의 골격을 이루는 주요 구성 요소인 칼슘은 다른 무기물을 조정하며, 인체 조직 회복에 도움을 주는 치료 기능까지 갖고 있다. 특히 눈을 지나치게 자주 깜박이는 습관이나 결막염, 눈부심 등을 없애는 데 탁월한 효과가 있다. 자녀가 이런 증상을 보인다면 자연 치즈나 달걀, 생선 등을 많이 먹이는 것이 좋다.

⊙ 눈 근육을 이완시켜 주는 **닭고기**

신맛을 갖고 있는 식품을 많이 섭취하면 눈의 근육이 이완되는 효과를 볼 수 있다. 특히 눈의 신경 근육이 심하게 틀어지고 긴장되었을 때 나타나는 사시에 도움이 된다. 신맛의 성질이 강한 식품으로는 닭고기를 들 수 있다. 닭고기에 감자, 당근, 다시마, 양파를 적당량 넣고 푹 삶아서 그 국물을 하루 2~3회 먹으면 효험을 볼 수 있다.

Tip 시력 보호에 좋은 컬러 푸드, 블루베리

컬러 푸드 중에서는 푸른색을 띤 식품이 눈에 좋은 것으로 알려져 있다. 식물의 푸른색에는 안토시아닌이 풍부하게 함유되어 있기 때문이다. 특히 블루베리는 시력을 향상시켜주고 눈의 피로를 풀어주는 데 탁월한 효능이 있다.

 눈을 밝고 맑게 만들어주는 한방 차

특별한 눈 질환이 없더라도 눈의 피로를 많이 느낀다면 평소 부담 없이 마실 수 있는 차가 도움이 된다. 공부하다 잠시 휴식을 취할 때 눈의 피로를 풀어주는 차를 마시면, 기분도 좋아지고 학습 효율도 높일 수 있다.

⊙ 눈을 밝게 해주는 **결명자차**

예로부터 눈에는 결명자차와 결명자 잎이 좋다고 전해진다. 《동의보감》에는 결명자 잎을 나물로 무쳐 자주 먹으면 눈이 밝아진다고 기록돼 있기도 하다. 한방에서는 녹내장이나 결막염 같은 눈병을 치료할 때에도 결명자를 많이 사용한다. 자녀가 결막염을 앓은 적이 있거나 가성 근시가 있다면, 결명자차를 끓여 수시로 마시게 하는 것이 좋다.

🍴 Recipe

- 볶은 결명자 5큰술에 물 5컵을 넣고 15분간 서서히 끓인다. 따뜻하게 마시거나 차게 해서 물 대신 마셔도 좋다. 하지만 결명자는 성질이 차갑기 때문에, 설사 등 배앓이를 하거나 속이 찬 아이라면, 과용하지 말고 결명자를 볶아서 꼭 따뜻하게 데워 먹이도록 한다.

⊙ 눈의 피로를 풀어주는 **감잎차**

감잎은 비타민 A와 비타민 C, 미네랄이 풍부해서 피로 회복에 도움을 준다. 특히 눈의 피로를 회복시키는 데 뛰어난 효능을 발휘한다. 단, 변비가 심한 사람은 조심하는 것이 좋다.

🍴 Recipe

- 말린 감잎 30~40g에 한 번 끓였다가 80℃ 정도로 식힌 물 1L를 부어 우려낸다. 2회 정도 재탕하여 마실 수 있다. 더 연하게 우려 수시로 마시는 것도 좋다.

⊙ 백내장 발생을 억제하는 **질경이차**

한방에서는 그늘에서 말린 질경이를 '차전초'라 하고, 질경이 씨앗은 '차전자'라 부른다. 질경이에는 무기질과 단백질, 비타민 성분 등이 골고루 들어 있고, 특히 비타민 A가 많아 눈을 밝게 하는 데 도움을 준다. 또 눈의 충혈이나 백내장을 억제하는 데도 효능이 있다.

질경이 잎과 줄기, 씨앗 모두 차로 마실 수 있다.

🍴 Recipe
- 물 500ml에 질경이 5~20g을 넣고 끓여 하루 2~3회씩 나누어 마신다. 어린 이들은 설탕이나 꿀을 약간 타주어도 좋다.

⊙ 머리를 맑게 해주는 **국화차**

국화는 머리와 눈을 시원하게 하고, 중풍을 예방하며 정신을 맑게 해준다. 속눈썹이 눈을 찔러 자주 충혈되고 눈물 날 때, 혹은 눈 깜박임이 지속될 때 국화차를 마시면 폐와 비장의 기능이 강화되어 증세를 완화시킬 수 있다.

🍴 Recipe
- 말린 국화 10g(1/2컵)을 물 8컵과 함께 중약불에서 30분 정도 달여 수시로 마신다.

⊙ 피로 회복에 좋은 **구기자차**

구기자차는 다양한 효능을 갖고 있는 약재다. 피로 회복에 효과가 있으며, 간을 보호하고 힘줄과 뼈를 튼튼하게 하고 양기를 강하게 한다. 특히 눈과 머리로 열이 오르거나 눈이 충혈되며 피로할 때 마시면 좋다.

🍴 Recipe
- 말린 구기자 20g(1/2컵)을 물 10컵과 함께 처음에는 중불에서 끓이고, 끓기 시

작하면 약불로 줄여 1시간 가량 더 끓인다. 하루에 1~2번, 한 번에 120㎖ 정도 마신다. 몸에 잘 맞으면 4주간 꾸준히 복용한다.

우리 아이 눈 건강 지키는 생활 환경 만들기

눈의 피로나 시력 저하는 생활 습관에 많은 영향을 받는다. 책이나 사물을 가까이 보는 습관, 어두운 곳에서 책을 읽는 습관, 엎드리거나 누운 자세로 TV를 보는 자세 등은 눈 건강을 해칠 수 있다. 특히 시력이 완성되지 않은 미취학 아동들의 눈 건강은 부모가 철저히 관리해줘야 한다.

⊙ 고른 영양 섭취가 중요

단백질과 비타민이 부족하면 시력 발달에 문제가 생길 수 있으므로 평소 음식을 골고루 먹어야 한다. 특히 채소와 과일을 충분히 섭취하고 패스트푸드는 멀리하는 것이 좋다. 특히 비타민 A가 부족하면 야맹증이나 각막, 결막 건조 등이 발생할 수 있다. 따라서 비타민

A가 풍부한 우유나 소간, 당근, 결명자차 등을 많이 먹는 것이 좋다. 평소 편식이 심하다면 눈 영양제를 준비해주는 것도 좋은 방법이다.

⊙ 시력이 떨어졌을 땐 안경 착용이 필수

시력 교정용 안경이 필요하다고 판단된다면 어린아이라 해도 반드시 안경을 써야 한다. 안경 착용 시기를 놓치면 약시 등으로 진행돼 시력 발달을 저해할 수 있기 때문이다. 다만 약한 근시인 경우, 일상 생활이나 수업에 특별한 불편이 없다면 착용 시기를 약간 늦출 수 있다. 그런 경우에라도 6개월에 한 번씩은 안과에서 정기 검진을 받아 시력을 확인하는 것이 좋다.

⊙ 실내 조명 조절하기

아이들이 책을 보거나 공부할 때는 충분히 밝은 곳에서 보도록 하고, 밤에는 스탠드를 켜서 이중 조명을 사용해주는 것이 좋다. 스탠드의 위치는 왼쪽에서 약간 위쪽이 알맞으며, 전체 조명은 100~200룩스, 부분 조명은 500룩스 이하로 한다.

⊙ 올바른 독서 습관 갖기

책을 읽을 때는 자세를 바르게 해야 한다. 책과 눈 사이는 30cm 이상 유지하도록 하고, 눕거나 엎드려서는 책을 보지 않도록 한다. 책상에서도 머리를 너무 숙인 채 책을 읽는 것은 좋지 않다. 그 외에도 흔들리는 지하철이나 차 안에서는 책을 읽지 않도록 하고, 글씨가 너무 작은 책, 인쇄나 종이 재질이 나쁜 책도 보지 않는 것이 좋다.

⊙ 모니터와의 거리는 60cm 이상

컴퓨터 모니터 화면은 눈보다 약간 아래에 60cm 이상의 거리를 두고 위치하도록 하며 10~20° 정도 뒤로 젖히는 것이 좋다. 또한 모니터에 집중하는 시간은 30분 이내가 되도록 하여 30분이 넘으면 눈을 쉬게 해주어야 한다.

⊙ 공기 나쁜 PC방 피하기

어둡고 환기가 잘 안 되는 PC방은 눈을 쉽게 피로하고 건조하게 만든다. 특히 이런 곳에서 담배 연기에 눈이 노출되면 결막염이 생길 수도 있으니 각별히 주의해야 한다. 또 어두운 곳에서 오랜 시간 컴퓨터를 하다 보면 일시적으로 가까운 곳이 잘 안 보이는 가성 근시가 생길 수도 있다.

Part 4
입

피곤하면 당장 입안부터 헐고 입술도 부르트기 일쑤인 우리 아이. 입은 '전신 건강의 신호등'이라는데 무슨 문제가 있는 것은 아닐까? 치아와 잇몸을 포함한 구강 건강은 잘 먹고 잘 커야 하는 성장기 어린이들에게 특히 중요하며, 엄마의 세심한 관심과 손길이 더욱 필요한 부분이다. 양치질과 가글 등 건강한 생활 습관을 들이고, 구강 건강에 좋은 음식을 섭취하는 일이 중요하다.

알아두면 도움이 되는 입의 구조와 기능

흔히 입은 '전신 건강의 신호등'이라 한다. 당장 입술만 봐도 건강한 사람인지 아닌지를 짐작할 수 있다. 건강한 사람의 입술은 붉은 기가 돌고 적당한 수분을 갖고 있어 촉촉하다. 또 치아와 잇몸, 혀 등이 건강해야 음식을 즐겁고 건강하게 섭취할 수 있다. 치아와 잇몸, 혀의 상태는 음식 섭취를 비롯해 음식물의 1차 소화 작용, 발음, 호흡 등에도 직접적인 영향을 미치기 때문에 항상 청결하고 건강하게 관리해야 한다.

⊙ 혀

혀는 입안으로 들어온 음식물을 굴려, 골고루 부숴지고 침이 고루 섞여 소화하기 좋은 형태로 바꾸는 것을 돕는다. 또한 표면에 돋아 있는 수없이 많은 돌기 형태의 미뢰로 신맛과 단맛, 쓴맛, 짠맛 등의 맛을 느낀다. 이외에도 발음을 하고, 목소리를 내는 데 중요한 작용을 한다. 스트레스나 영양 장애가 있을 때는 혓바늘이나 궤양 등이 생겨 건강에 적신호가 켜졌음을 알리기도 한다.

◉ 치아

치아에 문제가 생기면 음식 섭취에 바로 문제가 생길 만큼, 치아는 음식과 영양 섭취에 중요한 역할을 한다. 치아는 생후 6개월부터 나기 시작하여 만 3세 무렵 20개가 모두 나면서 유치가 완성된다. 흔히 유치는 어차피 빠질 치아라는 생각에 관리를 소홀히 하는 경우가 많은데, 유치가 손상되면 신경 조직이 손상되어 영구치의 손상으로 이어질 수 있으므로 어릴 때부터 치아 관리에 만전을 기해야 한다.

6~12세가 되면 유치가 차례로 빠지고 영구치가 나온다. 영구치는 총 32개로, 평생 사용하게 된다. 영구치는 소화의 최전방에서 활약하는데, 하는 일은 저마다 나뉘어 있다. 앞니는 음식을 자르는 가위 역할을, 송곳니는 음식을 찢는 칼 역할을, 작은 어금니는 절구와 공이처럼 음식을 부수거나 찧는 일을 하며, 큰 어금니는 음식을 더 잘게 부수는 맷돌 같은 일을 한다.

◉ 침

침은 입속을 건강하게 유지하는 데 매우 중요한 역할을 한다. 침 성분의 99%는 수분으로, 이 수분이 입안을 흐르면서 구강 내의 음식물 찌꺼기와 세균을 씻어내 입속을 깨끗하게 유지한다. 나아가 침은 몸 안의 수분 양을 조절하고, 세균을 죽이는 항균 기능도 갖추고 있다. 하루에 분비되는 침의 양은 성인 기준 1~1.5L정도이며, ph는 6.5~6.9 정도로 중성에 가까운 성질을 갖고 있다.

침에는 뮤신mucin이라는 물질이 함유되어 있어 약간 끈적끈적한 점성을 보인다. 뮤신은 수분과 함께 구강 점막을 덮어 입안이 마르지 않게 보호하는 기능을 한다. 또한 침에 들어 있는 알파-아밀라제 α-amylase라는 소화 효소는 음식을 소화시켜준다.

충치 개수만큼 성적이 떨어진다

얼마 전, 한 칫솔 제조업체가 서울의 한 초등학교에서 2~3학년 학생 200명을 대상으로 조사를 실시한 결과, 구강 건강과 성적 사이의 상관 관계가 드러나 관심을 집중시켰다. 성적이 하위권인 학생은 상위권 학생에 비해 평균 충치 개수가 더 많은 것으로 드러난 것이다. 당연한 얘기겠지만, 치통으로 인해 학업을 방해받은 경험 역시 하위권 학생들에게 더 많았다. 치과를 방문한 목적 또한 상위권 학생은 충치 예방, 하위권 학생은 치료로 조사돼 눈길을 끌었다.

충치, 즉 치아우식증은 단것을 좋아한다든가 음식물을 너무 오랫동안 입속에 머금고 있는 식이 습관, 또는 잘못된 양치 습관 등과 관련이 깊다. 물론 선천적으로 치아 구조가 약한 경우라면, 이런 원인이 아니더라도 쉽게 충치가 생긴다. 그 외에 충치가 있는 어른이 사용하던 수저로 아이에게 밥을 먹이거나 입을 맞추는 것도 충치의 원인이 될 수 있다.

치아는 음식을 소화하기 좋은 형태로 바꾸는 일을 한다. 이는 식품으로부터 영양을 섭취하는 데 중요한 과정이다. 산해진미라도 치아가 없으면 소용이 없고, 이가 아프면 잠도 제대로 자기 어렵다. 특히 성장기 어린이나 청소년들이 충치 등으로 치통을 겪게 되면 학습 능력이나 주의력이 떨어질 수 있다. 제대로 먹지도, 자지도 못하게 되니 공부는커녕 성장마저 위협받게 된다.

이뿐만이 아니다. 음식물을 잘 씹어 먹는 것은 소화뿐 아니라 두뇌 발달이나 기억력 발달에도 도움을 준다. 씹는 활동은 뇌의 혈류량을 증가시켜 두뇌와 신체 발달 전반에 영향을 주며 학습 능력을 신장시킨다. 한 연구 결과에 의하면, 껌을 씹는 것만으로도 뇌의 혈류량이 증가한다고 한다. 어린아이들은 유치가 나오고 이유식을 먹는 과정에서 두뇌가 급격히 발달한다. 이를 성장에 따른 자연스러운 과정이라고 볼 수도 있지만, 많은 연구들은 뇌의 용적과 치아의 발달 과정에 상관 관계가 있다고 증명하고 있다.

특히 어금니가 있는 쥐와 없는 쥐의 기억력을 비교한 검사는 매우 유명하다. 어금니가 없는 쥐는 어금니가 있는 쥐에 비해 미로를 찾는 기억력이 현저히 떨어지는 것으로 확인되었다. 이는 씹는 동작이 정보 선별과 기억을 관장하는 해마 부위에 영향을 주기 때문이다.

또 다른 연구는 노인들의 치아 개수와 해마의 활성 정도가 비례한다고 보고하고 있다. 70세 이상 노인 1,000명을 대상으로 한 이 연구는, 남아 있는 치아 개수가 적을수록 해마가 축소되어 있었다고 밝히고 있다.

해부학 전문가들 역시 인간의 뇌가 다른 동물들의 뇌보다 월등하게 발달하게 된 이유 가운데 하나로 인간의 '씹기' 활동을 꼽고 있다. 400만 년 전, 인간의 뇌는 400g에 불과했다. 하지만 인간이 불을 사용해 익힌 고기를 먹기 시작하면서 뇌의 용적이 1000g으로 늘어났다. 불에 익힌 고기는 생고기보다 질기기 때문에 자연스레 씹기 운동량이 많아져, 그만큼 뇌의 용적과 기능도 향상되었다는 것이다.

이처럼 중요한 '씹기'를 원활하게 수행하기 위해서는 무엇보다 충치 관리를 철저히 해야 한다. 어린이들은 건강한 치아의 소중함을 잘 모르기 때문에 스스로 관리하는 데 한계가 있게 마련이다. 또 충치가 생겼더라도 치과에 가는 것이 두려워 참고 넘기다 치료 시기를 놓치는 경우도 많다. 하지만 충치는 성인도 참기 어려운 치통을 불러오고, 입 냄새와 두통 등 다양한 문제점들도 야기한다. 진통제 등의 응급 처치를 할 수도 있지만 이는 일시적인 방편일 뿐이다. 통증이 가라앉은 후라도 반드시 치과 치료를 받아야 재발을 막을 수 있다. 또한 충치를 방치하면 옆의 다른 치아에도 감염될 수 있으니 되도록 빨리 치료해야 한다. 연령에 맞는 치아 관리와 더불어 제대로 된 양치 습관을 들이는 것이 중요하다.

돌출 입 방치하면 구강 건강 적신호

　요즘은 연예인들 사이에서도 치아 교정이나 턱 교정이 제법 많이 이루어지고 있는 것으로 보인다. 구조가 잘못된 치아나 턱의 교정은 성형 수술 이상의 미용 효과뿐 아니라, 몸 전체의 건강 상태를 호전시키는 결과도 가져올 수 있다. 자녀의 치아나 구강 구조에 문제가 발생했는데도, 세심히 관찰하지 않고 타고난 외모의 문제로 치부해버렸다가는 중요한 치료 시기를 놓칠 수 있다. 특히 치열이 고르지 못해 치아가 비뚤비뚤 나 있는 경우나 전반적으로 돌출된 입, 주걱턱 등은 주의 깊게 살펴 전문가와 상담하는 것이 좋다.

　가장 흔한 것은 부정 교합이다. 부정 교합은 치열이나 아랫니 윗니의 맞물림 이상, 그리고 턱뼈 성장의 부조화 등을 통틀어 일컫는 말이다. 우리가 흔히 알고 있는 교정 치료는 치아나 구강 조직, 또는 구강 밖에 장치를 장착하여 이동시키거나 성장을 조절함으로써, 부정 교합을 정상 교합으로 만드는 것이다. 교정 치료는 치아가 정상적인 기능을 발휘하도록 돕고, 건강한 구강 조직과 아름다운 얼굴 윤곽을 만들어준다. 따라서 교정 치료를 할 때는 단순히 치아의 배열뿐 아니라 안면 골격 전반에 대한 종합적인 이해가 필요하다.

부정 교합은 대부분 손가락 빨기나 턱 괴기, 구호흡^{입으로 숨 쉬는 습관}, 혀로 치아를 밀어내는 습관, 손톱 물어뜯기 등의 잘못된 습관에서 비롯된다. 또 오랜 기간 치료를 미룬 채 방치한 충치나 치아 결손이 원인이 되기도 한다. 부정 교합의 주요 증상은 치아의 고르지 못한 배열이나 덧니, 치아 사이에 틈이 있거나 앞니가 돌출되어 입술이 튀어나온 경우, 아래 위 앞니가 다물어지지 않는 경우, 유치와 영구치의 교환 시기에 자리가 부족한 경우, 치아의 맞물림이 좋지 않아 턱관절에 이상이 있는 경우 등이다. 이런 증상이 있을 땐 악화되기 전에 교정 치료를 해주는 것이 좋다.

이렇게 턱이나 치아가 비뚤어진 채 방치되면 불규칙한 치열 때문에 양치도 어렵고 음식찌꺼기가 끼는 것도 막기 어려워 충치가 생기게 된다. 또 나이가 들면 치주염 등에도 쉽게 노출돼 치아 건강 전반이 위협받게 된다. 비뚤어지고 돌출되어 멋대로 자란 치아는 입술과 입 주위의 근육에 영향을 주기도 한다. 부정 교합을 가진 환자들에게 돌출 입의 증세가 동시에 나타나는 것도 이 때문이다.

치아의 기능 중 가장 중요한 것은 저작咀嚼 기능이다. 즉, 아래 위 치아가 맞물려 돌아가면서 맷돌처럼 음식을 부수는 기능을 말한다. 그런데 치아가 서로 맞지 않아 저작 기능을 원활하게 되지 못하면, 충분히 부숴지지 않은 음식이 위에 부담을 주어 만성적인 소화 장애를 겪을 수 있다. 나아가 아래 위 턱이 잘 맞지 않으면, 악관절에도 통증이나 변형이 오기도 한다. 주걱턱이 심하거나 아래턱이 너무 작을 때도 이 같은 부정 교합이 원인이 아닌지 확인해보는 것이 좋다.

이런 문제는 가급적 어릴 때 바로잡아주어야 효과가 좋다. 성장기 아이들이 교정을 받으면, 성장이 멈춘 성인이 받을 때보다 교정기 장착 기간도 짧고, 치열 및 골격 교정도 확실하게 할 수 있다. 또 성인과는 달리 유치가 빠지고 영구치가 자라는 시기가 있어 불규칙한 치열을 조절하기가 훨씬 쉽고, 교정을 위해 치아를 뽑을 일도 거의 없기 때문에 효율적인 치료가 가능하다.

더불어 평소 자녀의 생활 태도를 잘 관찰하여 잘못된 습관은 없는지 파악하고 초기에 바로잡아주는 것이 좋다. 특히 아이가 잘 때 입을 벌리고 자지는 않는지, 손가락 빠는 습관은 없는지, 입으로 숨을 쉬거나 혀로 치아를 밀어내지는 않는지 등을 유심히 살펴 교정해주어야 한다. 또한 7세 경에는 치과를 방문해 교합에 문제가 없는지도 검진을 받는 것이 좋다.

아구창 잦으면 성격까지 나빠져요

아구창은 항생제 치료를 한 아이들이나 면역력이 약한 아이들에게 흔히 생기는 구내염의 일종이다. 젖먹이 아기들이나 유아들, 특히 손가락이나 옷, 장난감 등을 빠는 습관이 있는 아이에게 잘 생기는데, 잘 소독하지 않은 젖병이나 고무로 된 젖꼭지 등이 원인이 되어 감염되기도 한다.

일반적으로 궤양을 동반하는 구내염은 푹 쉬면 곧 좋아진다. 하지만 아구창은 반드시 전문적인 치료를 필요로 한다. 아구창은 궤양과 달리 빠른 시간 안에 입안 전체로 퍼지고 후두부나 식도, 호흡기, 위장에까지 영향을 미치기도 한다. 생명을 위협할 정도의 수준은 아니지만 방치하면 재발이 잦아지고, 먹는 양이 줄어 발육 부진의 원인이 될 수도 있다. 또 이런 상태가 계속되면 성격이 신경질적으로 변하기도 하므로 가급적 빨리 발견해서 치료해주어야 한다.

이제 갓 한 살을 넘긴 준범이도 아구창 때문에 오랫동안 고생을 했다. 준범이 어머니는 아기 입속에서 하얀 것을 보긴 했지만, 우유 찌꺼기려니 하고 대수롭지 않게 넘겼다. 그런데 거즈로 닦아주어도 없어지지 않고, 시간이 갈수록 여기저기 번지는 것이었다. 준범이 어머니도 피곤할 때면 입안에 구내염이 생기곤 했기 때문에, 시간이 지나면 좋아지려니 하고 기다렸다. 하지만 좋아질 기미는 보이지 않고, 아이는 점점 입맛을 잃어갔다. 게다가 자꾸 입안이 말라 힘들어 하기까지 했다.

준범이 어머니의 생각과 달리 준범이는 아구창^{구강 칸디다증}이라는 감염 질환을 앓고 있었다. 아구창은 칸디다 알비칸스라는 곰팡이균이 구강 점막 내에 침투해 생기는 질병인데, 면역력이 약한 신생아나 유아가 잘 걸리며, 드물게는 전신 질환을 앓거나 당뇨병을 가진 청소년과 어른에게도 발생한다.

아이가 젖을 빨거나 음식을 먹으면서 유난히 불편해하면 입안을 잘 살펴봐야 한다. 혀나 입천장, 또는 뺨 안쪽 등에 하얀 반점이 생겼다면 먼저 소독한 거즈에 묽은 소금물을 묻혀 닦아보고, 그래도 없어지지 않으면 아구창을 의심해봐야 한다. 아구창은 소독된 거즈로 아기의 입속을 닦아주고, 항곰팡이제 시럽과 연고 등을 사용하면 수일 내에 치료가 가능하다. 이때 아기가 쓰던 고무 젖꼭지는 소독하거나 새로운 것으로 바꿔 2차 세균 감염이나 증상 악화를 방지해야 한다.

단, 입안에 있는 하얀 반점들을 억지로 떼내거나 긁으면 상처가 덧나고 피가 날 수 있으니 주의해야 한다. 만약 증상이 지속적으로 반복된다면, 드문 경우이긴 하지만 당뇨병이나 면역결핍증 같은 심각한 질병일 수도 있다. 또 만약 신생아에게서 이런 질환이 나타났다면 어머니의 외음부칸디다증이나 질칸디다증에 의해 수직감염된 것일 수도 있으니, 어머니도 함께 치료를 받는 것이 좋다.

아구창을 예방하려면 음식물을 먹고 난 후 아기의 입속을 거즈로 닦아주는 것이 좋다. 요즘은 입안 세정용 항균 면 티슈도 시중에 나와 있으니 활용하면 도움이 될 것이다. 또 식기나 이불, 옷, 장난감 등 아기 입에 닿을 만한 물건들은 자주 소독해주는 것이 좋다.

아이들이 커가면서 어느 정도 면역력을 형성하게 되면 더 이상 아구창에 걸리지 않게 된다. 하지만 영유아기에는 면역력이 약해 작은 질병으로도 몸 전체의 영향을 끼칠 수 있으므로 항상 세심하게 관찰해야 하며 이상이 보이면 즉시 전문의와 상담하는 것이 좋다. 인성과 성격이 형성되는 이 시기에 질병을 앓게 되면, 매사에 의욕이 떨어지고 성격이 예민해질 수도 있으므로 적극적인 관심으로 예방하도록 해야 한다.

잇몸 질환, 노인보다 어린이들이 위험하다

잇몸에 생기는 질병을 통틀어 잇몸 질환이라고 한다. 잇몸 질환은 크게 치은염과 치주염으로 나뉜다. 치은염은 잇몸이 빨갛게 부어오르는 등 잇몸에 한해 일어나는 질병이다. 이 치은염을 방치하면 치주염으로 발전한다. 치주염이 더 진행되면 치아의 지지 조직이 손상되어 치아가 흔들리고 결국은 치아를 잃게 된다. 치주 질환은 어느 정도 진행될 때까지는 자각 증상이 없다. 때문에 결국 병을 의심하고 병원을 찾았을 때는 이미 악화된 상태인 경우가 많다.

잇몸 질환의 주된 원인은 프라그다. 입 속에는 많은 세균이 살고 있다. 이 세균들이 끈적끈적한 상태의 물질을 만들어 치아 표면에 들러붙고 그 위에 다시 세균이 쌓이다 보면 세균 덩어리가 생기는

데, 이를 프라그라고 한다. 물론 이 세균들이 모두 잇몸 질환을 발생시키는 것은 아니다. 쌓인 프라그를 방치하다 보면 음식의 가스 등을 분해해 독소를 만드는 세균이 증가하여 잇몸에 염증을 일으키고, 마침내 잇몸 질환으로 진행되는 것이다.

프라그를 그대로 두면 치석으로 이어진다. 치석은 프라그에 침 속의 칼슘이 침착해 굳어진 것이다. 치석은 정상적인 치아와 달리 표면이 거칠다. 때문에 치석이 만들어지면 프라그가 더 쉽게 쌓인다. 치석은 잇몸 속까지 폭넓게 진행돼 치은염을 점점 악화시킨다. 시간이 지나면서 치주낭은 점점 더 깊어지고, 이 속에서 세균이 번식을 거듭해 치주염을 일으키게 된다.

잇몸 질환이 위험한 이유는 또 있다. 미국치과의사협회는 잇몸 질환이 심장 질환, 당뇨병, 폐 질환뿐 아니라, 조산아나 저체중 아기의 출산과도 밀접한 관련이 있다고 보고하고 있다. 심장 질환의 경우, 잇몸 질환을 일으키는 박테리아가 혈액을 타고 온 몸을 돌아다니면서 혈관 염증을 일으키는데, 이것이 심장에까지 영향을 줄 수 있다는 것이다. 또한 잇몸 질환을 갖고 있는 당뇨병 환자는 그렇지 않은 사람에 비해 심장 질

환이나 신장 질환으로 사망할 위험이 각각 8배와 5배나 높다고 한다. 이밖에도 잇몸 질환으로 생기는 독성과 박테리아는 조산아와 저체중 아기가 태어날 확률을 7배나 높이고, 입속 박테리아가 폐에 들어가 감염시킬 수도 있다.

잇몸 질환은 발견 즉시 치료해야 한다. 시기를 놓쳤다가는 다른 부위, 또는 다른 가족들에게 전염될 수도 있기 때문이다. 특히 잇몸 질환의 원인균은 오랜 시간 동안 함께 생활하는 가족 사이에 감염되는 경우가 많다. 유치가 나기 시작하는 영아기나 영구치가 나기 시작하는 초등 단계의 어린이들은 건강한 세균 그룹이 아직 잇몸에 정착돼 있지 않아 더욱 취약하다.

어린이 잇몸 질환은 진행 속도가 매우 빠르기 때문에 특히 조심해야 한다. 때로는 잇몸의 염증이 두드러지기 전부터 치조골이 녹아 있는 경우도 있다. 이 시기의 아이들은 세균에 대한 저항력이 약해 그 피해가 더욱 크다. 흔히 잇몸 질환이 나이든 어른들의 문제라고만 생각하는데, 사실은 어린이들이 더 무방비 상태로 노출되어 있는 것이다.

잇몸 질환은 세균성이기 때문에 과로나 스트레스로 인해 면역력이 떨어지면 더 악화되기 쉽다. 때문에 균형 잡힌 식생활과 충분한 수면, 여유 있는 생활 자세가 반드시 필요하다. 학업 문제로 고민하는 아이들은 항상 스트레스에 시달리는 만큼, 평소 면역력 강화에 신경을 써주는 것이 좋다. 나아가 아이들에게 잇몸과 치아를 건강하게 유지할 습관을 길러주는 데도 관심을 가져야 한다. 단것을 좋아하거나 음식을 충분히 씹지 않고 넘기는 습관이 있는 아이들은 특히 위험하니 교정해주도록 한다. 또 어릴 때부터 바른 양치질 습관을 들여 치아를 제대로 관리할 수 있도록 이끌어야 한다.

> **Tip** 미국치과의사협회가 권유하는 구강 건강 지키기
>
> ① 하루 2회 이상 불소 치약을 이용해 칫솔질을 한다.
> ② 치실이나 치간 칫솔로 치아 사이를 청결하게 관리한다.
> ③ 균형 잡힌 식사를 하고 식사 시간 사이의 간식은 제한해서 먹는다.
> ④ 치아 문제가 없어도 정기적으로 치과를 방문해 검진을 받고 전문적인 클리닝을 한다.
> ⑤ 칫솔은 가족끼리라도 절대로 함께 사용하지 않는다.
> ⑥ 칫솔은 부드러운 모로 된 것을 사용하고, 한 달에 한 번 정도 바꿔준다.
> ⑦ 가족 가운데 잇몸 질환자가 생겼을 경우, 가족 모두 잇몸 질환 검사를 받는다.

평생 치아 건강을 좌우하는 6세 영구치 관리

만 6세경에 처음 나오는 영구치를 6세 영구치라고 한다. 가장 먼저 나와 가장 오랫동안 사용해야 하는 중요한 치아다. 이 6세 영구치 관리를 소홀리 하면 이후 돋아나는 영구치들도 연쇄적으로 피해를 입게 되고, 계속해서 복잡한 치과 치료에 시달려야 한다. 치아는 오복의 하나라고 할 정도로, 나이가 들수록 그 소중함이 커지는 존재다. 자녀가 일찍이 치아 관리의 중요성을 깨닫고 적극적으로 임할 수 있도록 지도해야 한다.

⦿ 충치는 정기 검진으로 조기에 치료해야

영구치가 나기 시작하는 이 시기의 아이들은 안타깝게도 단맛에 눈을 뜨고 과자를 제일 좋아하게 된다. 때문에 부모들은 자녀의 충치에 대해 더욱 경각심을 가져야 한다. 특히 어금니는 모양만 만들어졌을 뿐 아직 내부 구조가 약한 상태여서, 조금만 부주의하면 2~3년 사이에 충치가 생길 확률이 매우 높다. 가정에서 충치를 발견했을 때는 이미 늦은 경우가 많기 때문에, 7세부터는 이가 아프지 않더라도 6개월에 한 번씩 정기 검진을 받는 것이 좋다.

⊙ 유치 관리가 영구치 관리로 이어진다

많은 부모님들이 유치가 썩는 것을 가볍게 생각한다. 하지만 유치 관리를 잘못하면 영구치까지 치명상을 입을 수 있다.

영구치는 유치의 치근을 흡수해 나오는 것이다. 그런데 유치에 염증이 있으면 영구치는 그곳을 피해 나오려 하기 때문에 치아 모양이 망가질 수 있다. 또한 유치의 충치균이 새로 나온 영구치로 옮겨가 충치를 유발하기도 하고, 유치의 잇몸 염증 역시 장기적인 잇몸 질환으로 이어질 수 있으니 결코 소홀히 해서는 안 된다.

흔들리는 유치를 서둘러 뽑는 것도 좋지 않다. 치아가 빠진 빈 공간에 옆의 치아가 밀려와 자리가 좁아지면, 결국 그 자리의 영구치는 기형적으로 나오게 되기 때문이다. 영구치가 곧 나오지 않으면 보정니를 해넣어 공간을 확보해주는 것이 바람직하다.

⊙ 양치질과 가글을 습관화한다

큰 어금니는 영구치 중 씹는 힘을 가장 많이 발휘하는 치아다. 때문에 영구치가 나오기 전부터 양치질이나 가글을 습관화하도록 지도해야 한다. 일반적으로 영구치는 만들어지는 데 3년, 잇몸을 뚫고 완전히 밖으로 나오기까지 3년이 걸려 모두 6년에 걸쳐 완성된다. 때문에 유아기 때부터 지속적으로 식품을 통한 칼슘 섭취와 흡수에 신경을 써야 한다.

⊙ 잇몸과 턱뼈 발달을 도와야 한다

치아의 골격인 잇몸과 턱뼈가 제대로 발달하지 못하면, 좁은 턱뼈 때문에 영구치가 나올 공간이 부족해 치아가 바르게 나오지 못한다. 치아 골격은 유아기 때부터 형성되기 때문에 젖먹이 때부터 잇몸 마사지를 해주는 것이 좋다. 이유식을 할 때도 발달 단계에 따라 유동식에서 고형식으로 넘어가는 시기를 잘 조절하여, 음식을 잘 씹어 먹는 습관을 들이는 것이 잇몸의 골격 발달에 도움이 된다.

⊙ 세심한 관찰로 부정 교합을 발견해야 한다.

부정 교합은 어느 시기에나 있을 수 있지만 특히 6~12세 어린이에게서 많이 보인다. 부정 교합이 있으면 치아가 고르지 않게 나거나 비정상적인 위치에 나기 때문에 충치나 잇몸 질환이 생길 확률이 높아지고, 보기에도 좋지 않다. 부정 교합은 유전되는 경우도 있지만 후천적인 요소도 많다. 자녀에게 부정 교합을 일으키는 습관이 없는지 살펴주는 것이 좋다.

아이들을 괴롭히는 대표적인 구강 질환

유아기 아이들은 특히 구강과 관련된 질환을 많이 앓는다. 면역력이 약하다 보니 음식물을 받아들이는 첫 번째 관문인 입안에서부터 문제가 발생하는 것이다. 어린아이들이 구강 질환에 시달리게 되면 영양 섭취에 문제가 생겨 성장을 저해할 수 있고, 성격에도 문제가 생길 수 있다. 때문에 항상 주의 깊게 관찰하고, 문제가 발견되는 즉시 치료를 받을 수 있도록 해야 한다.

⊙ 수족구와 포진성 구협염

수족구는 여름철에 소아들에게서 집단적으로 발병하는 질환이다. 손과 발에 수포성 발진이 생기면서 입안에 궤양이 생기는데, 손과 발과 입에 생긴다 해서 수족구라 이름지어졌다. 입속 궤양의 경우, 통증이 심해 아이가 음식을 제대로 먹지 못하고 심하게 보채며 침을 많이 흘린다. 발병 초기에는 1~2일 정도 열이 심하게 오르는데, 대개 3~6일이 지나면 치유된다.

수족구와 비슷한 것으로는 포진성 구협염 Herpangina이 있다. 이 병에 걸리면 목구멍에 물집이 잡히고, 입안에 궤양이 발생한다. 콕사키라고 하는 바이러스가 원인이 되며, 4~6일 정도 잠복기를 거쳐 발병했다가 1주일 정도 지나면 호전된다. 평소 손발을 잘 씻고 양치질을 열심히 하는 것이 중요하며, 특히 아이들은 사람이 많은 곳에 가지 않는 것이 좋다.

◉ 급성 헤르페스성 치은 구내염

1~3세 유아들에게 흔한 질환으로, 이 병에 걸리면 입안 점막에 2~3mm 정도의 작은 궤양이 생기면서 열이 난다. 1주일에서 열흘 가량 앓는데, 통증이 심하고 음식을 잘 못 먹기 때문에 자칫하면 탈수 증세가 올 수 있다. 심하게 아파하면 아픈 부위에 진통제를 발라주기도 한다.

◉ 아프타성 궤양

작은 궤양이 입안 점막에 생겨 1~2주간 계속된다. 아이가 아파서 많이 보채기는 하지만 열은 없는 것이 특징이다. 주기적으로 반복해서 발병하는 경향이 있으며, 치료를 하지 않아도 저절로 낫는다. 아이를 쉬게 하면서 수분과 영양 섭취에 신경을 써주는 것이 좋다.

◉ 지도상설

혓바닥 벗겨진 모양이 마치 지도처럼 보인다 해서 붙은 이름이다. 아이 10명 가운데 1명 정도는 걸리며, 여아가 남아보다 2배 정도 더 많이 걸린다. 심한 경우 벗겨진 부위가 혓바닥 전체로 넓어지기도 한다. 질병은 아니고 하나의 증상인데, 원인은 아직 밝혀지지 않았다. 간혹 알레르기가 있는 아이에게 생기는 경우도 있고, 아이가 피곤할 때 더 심해지기도 한다. 또는 스트레스나 소화 장애와도 관련이 있을 수 있다. 하지만 흔히 알고 있는 것처럼 비타민 C 부족이 원인은 아니다. 특별한 치료법은 없고, 그냥 두면 저절로 좋아진다. 다만, 될 수 있는 한 자극적인 음식은 먹지 않도록 한다.

◉ 혓바늘

혓바닥에 있는 설유두라는 조직에 염증이 생기는 것이다. 혓바늘이 돋으면 음식을 먹어도 맛을 제대로 느끼기 어렵고, 먹거나 말할 때마다 쓰라리고 따가운 통증이 느껴진다. 피로하거나 영양이 결핍되면 입안 점막이 약해지면서 혓바늘이 돋을 수 있다. 대개 1주일 정도 지나면 자연 치유된다. 충분히 휴식을 취하고, 영양가 높고 부드러운 음식으로 부족한 영양소를 채워주도록 한다.

⊙ 입 냄새

성인뿐 아니라 유아에게서도 입 냄새가 날 수 있다. 입 냄새가 나는 가장 큰 원인은 충치다. 하지만 아직 치아가 나지 않은 영아기 아이라면, 보다 다양한 원인을 고려해보아야 한다. 아이가 감기나 인후염에 걸려 입 냄새가 날 수도 있고, 코가 막혀 입으로 숨을 쉬면서 입안이 건조해져서 냄새가 나기도 한다.

아이가 음식을 먹고 나면 부드러운 거즈나 실리콘 칫솔 등을 사용해 입안 구석구석을 깨끗하게 닦아준다. 특히 혓바닥이나 혀 안쪽 등 잘 보이지 않는 부분을 신경 써서 닦는다. 또 입안이 건조해지면 입 냄새가 날 수 있으므로 물을 자주 먹는 것이 좋다.

> **Tip 돌 전에 수술해야 하는 설유착**
>
> 설유착은 혀 밑에 있는 혀의 주름띠가 아래 잇몸 바로 밑에 붙어 있는 경우다. 이것이 원인이 되어 말을 배우는 아이가 혀 짧은 발음을 하는 경우가 있는데, 때에 따라서는 수술적인 교정이 필요하기도 하다. 이럴 경우에는 망설이지 말고 이비인후과 전문의에게 진찰을 받는 것이 좋다. 만약 수술이 필요하다면 생후 8~10개월쯤 하는 것이 좋다.

구강 질환에 대한 한방적 치료법

구강 내에 발생하는 문제를 진단할 때 한방에서는 몸 전체의 건강 상태와 오장 육부의 활성 정도를 살펴보게 된다. 입 냄새는 잇몸이나 치아, 또는 편도선 후두 쪽에 염증이 있을 때 발생하는 경우가 가장 많다. 만약 치아나 후두염 등의 직접적인 원인이 없는데도 냄새가 난다면 소화기 쪽 문제일 가능성이 크다. 위장과 십이지장을 비롯한 소화기 쪽에 문제가 있으면 입 냄새가 나기 때문이다. 또 위장이나 비장에 습열이 있거나 한습이 있으면, 위염이나 십이지장염 또는 궤양이 발생할 수 있다.

◉ 구강 내 염증 질환

입을 중심으로 구강에 생기는 질환은 대부분 구강 내 염증이 원인이다. 내시경과 후두경을 통해 잇몸이나 백태의 정도, 염증 여부를 확인한 후 한약을 처방하게 된다. 염증으로 인해 구강 질환이 생긴 경우에는 비인두뿐 아니라 후두 쪽 상태까지 확인하고, 염증 치료와 함께 인후의 면역력을 강화할 수 있는 전신 처방을 시행한다.

◉ 구취

구강 내 음식물 찌꺼기가 혀 뿌리인 설근부 아래까지 쌓이면 백태층이 두꺼워지고 누렇게 변하며, 독특한 황화합물의 냄새를 유발한다. 이 경우, 치근이나 치주 등 잇몸에 남아 있는 세균의 영향으로 구취가 심해질 수 있다. 한약을 처방할 때 잇몸 및 치근을 강화해주는 신인탕을 쓴다.

비위장의 습열한 기운이 인체의 상부로 반영되는 곳이 바로 '혀'다. 이 경우, 백태가 심해지며 코가 목 뒤로 넘어가는 후비루증후군이 심해져 구취가 하루 종일 지속되기도 한다. 이때는 체질에 따라 한약을 처방해야 하며, 별도의 스프레이 치료도 필요하다.

두뇌에 활력을 불어넣는 턱 관절 마사지

 흔히 턱은 아름다운 얼굴 라인을 만드는 요소로 인식되어 있지만, 음식 섭취를 비롯한 구강 건강을 유지하는 데도 매우 중요한 역할을 한다. 특히 턱 관절에 문제가 있으면 음식을 씹거나 하품을 하다 턱이 빠지거나, 아래턱뼈와 저작 근육에 통증을 느끼게 된다. 또 정도가 심해지면 아침에 입을 벌릴 때 턱 관절에서 소리가 나거나, 특별한 충격이 없는데도 말을 하거나 음식을 먹을 때 턱이 어긋나는 듯한 느낌이 든다.
 턱 관절 이상은 평소 턱을 자주 괴거나 음식을 한쪽으로만 씹거나 딱딱하고 질긴 음식을 즐겨 먹을 때 생길 수 있다. 또한 수면 습관과도 밀접한 연관이 있어서 옆으로 누워서 자는 습관이 있거나 잠잘 때 이를 가는 경우, 입을 지나치게 꽉 다물고 자는 경우에도 발생할

수 있다. 그 외에도 잘못된 치과 치료나 부정 교합이 있을 때, 또는 스트레스나 불안, 긴장 같은 심리적 요인이 원인이 되어 발생하기도 한다.

    턱 관절에는 대영혈이라는 혈점이 자리하고 있다. 바로 얼굴 동맥이 지나가는 자리로, 뇌에서 온몸으로 가는 신경 중 50% 정도가 이 지점을 통과하게 된다. 그 때문에 턱 관절에 이상이 있으면 두뇌 활동이 약화되고 몸 전체에 피로감을 느끼게 되며, 얼굴이 붓거나 얼굴형이 바뀌기도 한다. 평소 턱을 부드럽게 자극하고 지속적으로 마사지를 해주면 치통이나 잇몸 질환의 증상을 완화하는 데도 도움이 되며 눈도 맑아진다.

⊙ 대영혈 마사지

① 두 손을 마주대고 비벼 따뜻하게 만든 뒤 양손으로 아이의 턱을 부드럽게 감싸 쥔다.

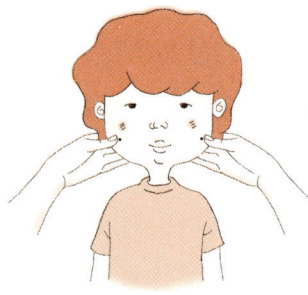

② 엄지손가락을 세워 아래쪽 턱에서 3cm 위의 지점에 갖다 댄다.

③ 통증을 느끼지 않을 정도로 가볍게 누르며 둥글게 문지른다.

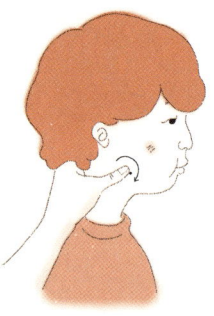

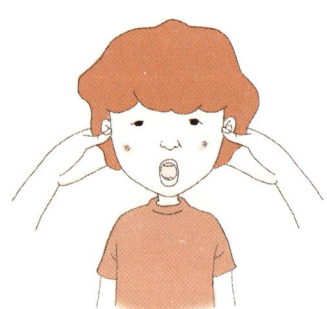

④ 입을 크게 벌리고 관절 부위를 지그시 눌러준다.

충치 예방, 잇몸 튼튼 한방 건강 식품

편식하지 않고 비타민 C가 함유된 음식을 많이 섭취하면, 잇몸병을 비롯한 구강 질환을 예방하는 데 도움이 된다. 특히 성장기 아이들은 칼슘이 많이 함유된 음식을 먹는 것이 좋다. 또 섬유질이 풍부해서 충치균을 유발하는 프라그를 잘 닦아낼 수 있는 식품을 골고루 섭취해야 한다.

◉ **치아 형성을 돕는 멸치**

고단백, 고칼로리 식품인 멸치에는 성장기 아이들에게 좋은 타우린이 풍부하게 함유되어 있다. 특히 인체의 골격과 치아 형성을 돕고 세포 조직을 구성하는 칼슘, 인, 철 등 무기질의 공급원으로는 단연 으뜸이라 할 수 있으며, 지능 발달에 효과가 있는 EPA나 DHA 같은 고도 불포화지방산이 풍부하다. 평소 멸치볶음 같은 반찬을 자주 먹고, 마른 멸치도 국이나 찌개의 천연 조미료로 사용하면 좋다.

◉ 골격 형성에 필수적인 **우유**

우유는 달걀과 더불어 완전 식품으로 알려져 있다. 칼슘이 풍부하여 성장기 아이들에게는 필수 식품이며, 칼슘의 흡수를 돕는 비타민 D도 함유하고 있다. 하지만 지방 함량이 높아, 지나치게 많이 마시면 비만을 유발할 수도 있다. 그렇게 되면 오히려 성장에 방해가 되므로, 하루에 500ml 정도 마시는 것이 좋다.

◉ 잇몸을 건강하게 하는 **오이**

오이는 90%가 수분으로 이루어져 있어 식욕을 증진시켜 주며, 입 냄새를 완화하는 데도 도움이 된다. 특히 꽃이 필 시기의 어린 오이에는 비타민 C가 풍부하여 잇몸을 건강하게 하는 데 도움이 된다. 오이김치나 오이소박이 같은 반찬으로 먹거나 오이차를 끓여 마신다.

◉ 갈증을 해소하는 **토마토**

토마토에는 철분과 비타민이 풍부하고, 양질의 수분이 92%나 된다. 또한 칼륨과 칼슘을 비롯한 각종 무기질이 함유되어 있어 입안이 마르고 갈증날 때 먹으면 좋다. 푸른빛이 도는 토마토는 상온에서 빨갛게 익혀서 먹도록 한다. 기름에 살짝 볶아 먹으면 소화 흡수율이 높아진다.

⊙ 뼈를 튼튼하게 해주는 **당근**

당근에는 칼슘이 다량 함유되어 있어 **뼈를** 튼튼하게 해주고, 철분 함량도 높아 성장기 아이들의 빈혈을 예방하는 데 탁월한 효능을 보인다. 하지만 당근의 껍질에는 아스코르비나제라는 비타민 C 흡수를 저해하는 효소가 들어 있으므로, 껍질을 벗기고 조리하거나 식초나 레몬즙을 넣어 먹이도록 한다.

⊙ 치아와 뼈를 건강하게, **검은깨**

섬유질과 칼슘이 풍부한 검은깨는 치아와 뼈를 튼튼하게 하고 장의 활동을 돕는다. 검은콩과 함께 먹으면 더욱 좋다. 하지만 너무 많이 먹으면 설사를 할 수도 있으니 주의한다.

⊙ 구취 예방에 도움이 되는 **미역**

미역은 칼륨이 풍부해 체액의 균형을 맞춰주고 칼슘과 요오드가 많아 **뼈와** 이를 튼튼하게 한다. 또 식이섬유가 풍부해 구취 예방에도 효과를 발휘한다.

구취를 제거하고 입안을 건강하게 해주는 차와 약재

차는 종류에 따라 각기 다른 효능을 갖고 있지만, 무엇보다 입 안의 세균을 제거하여 잡냄새를 없애고 기분을 상쾌하게 만드는 일차적인 효능을 기대할 수 있다. 특히 구취 제거에 효과가 있는 차를 수시로 마시면 입안이 개운해진다.

◉ 입냄새를 없애주는 **녹차**

녹차는 충치를 예방하고 입 냄새를 없애주는 것으로 잘 알려져 있다. 또한 녹차는 산으로부터 치아를 보호해, 충치균의 발육과 치석의 생성 원인이 되는 물질이 활성화되는 것을 억제하는 효능이 있다. 비타민 C가 풍부해 잇몸을 비롯한 구강 전체를 건강하게 만들어준다.

⊙ 치통을 가라앉히는 **솔잎차**

옛 선인들은 솔잎을 씹어 향과 효능을 즐겼다고 한다. 잇몸이 붓고 들떴을 때나 염증 때문에 아플 때 솔잎을 사용하면 효과를 볼 수 있다. 또 솔잎 달인 물에 소금을 조금 넣어 입안에 머금고 있으면 통증이 가라앉기도 한다.

⊙ 가글액으로 쓰는 **세신**

세신은 족두리풀의 뿌리를 말린 약재로, 약간 매운 맛이 난다. 진통 작용이 있어, 충치나 잇몸 질환 때문에 붓고 아픈 곳에 사용하면 통증을 가라앉힌다. 세신을 진하게 달여서 따뜻할 때 입에 머금고 우물우물 하다가 식으면 뱉어낸다.

⊙ 항균력이 뛰어난 **오매**

덜 익은 매실을 훈증, 가공한 약재를 오매라고 한다. 이 오매를 입에 물고 있으면 구취가 제거된다. 오매는 면역력도 키워주며 항균 작용도 뛰어나다. 또 설사나 피로를 예방하는 데도 도움이 된다.

⊙ 염증 완화에 좋은 **천궁백지환**

천궁과 백지는 궤양의 염증을 없애주며, 염증으로 인한 구취도 완화시켜준다. 천궁과 백지를 각각 30g씩 가루로 만들어 졸인 꿀로 반죽한 다음 1.5g씩 뭉쳐 환으로 만들어 식후에 4알씩 먹는다.

아이 혀는 건강의 바로미터

혀는 우리 몸의 이상을 알려주는 중요한 역할을 한다. 과로와 스트레스, 질병으로 면역력이 떨어지면 가장 빨리 신호가 오는 곳이 바로 혀다. 한의학에서도 혀는 매우 중요한 장기 가운데 하나다. 선조들은 '혀는 심장의 기가 모여 만들어진 장기이며, 또한 위의 기가 훈증되어 설태가 만들어진다'고 보았다. 즉 혀를 잘 관찰하면 심장과 위장의 기능까지 점검할 수 있다는 얘기가 된다.

⊙ 혀 색깔이 이상해요

정상적인 혀는 은은한 붉은 빛을 띠며 윤기가 있고, 움직임 역시 부드럽고 긴장이 없다. 아이의 혀가 지나치게 붉거나 창백하다면, 몸이 보내는 이상 신호로 해석해야 한다. 혀가 지나치게 붉으면 심장이나 간장에 열이 많은 것이다. 심하면 보라색으로 변하기도 한다. 만일 혀가 청색을 띤다면 몸이 심하게 차가운 것을 의미한다. 또한 창백하고 흰색을 띤다면 기운이 없고 몸이 찬 것이므로, 몸을 따뜻하게 해주고 건강식을 먹는 것이 좋다.

◉ 설태가 두껍고 미끌미끌해요

혓바닥에 하얀 이끼처럼 덮여 있는 것이 바로 설태다. 설태는 위장의 기능이 얼마나 원활한지를 보여주는 거울이다. 흰 설태가 얇게 끼어 있으면 건강한 상태이며, 설태가 지나치게 많거나 아예 없는 경우는 문제가 될 수 있다. 흰 설태가 두껍고 미끌미끌해 보이면 소화기 질환을, 황색 설태라면 열성 질환을 의심할 수 있다. 설태가 아예 없다면 비위의 기운이 약하거나 소화기가 허약한 경우일 수 있다.

◉ 혓바닥이 자주 헐어요

유난히 혓바닥이 자주 허는 아이들이 있다. 한방에서는 심장과 비위에 열이 많은 경우 혀가 자주 헌다고 본다. 특히 식사가 불규칙하거나 찬 음식을 좋아하는 아이는 심장과 비장에 열이 쌓여 혓바닥이 허는 경우가 많다. 혀가 자주 헌다면 자극적이고 기름진 음식이나 인스턴트 음식들을 피하고 최대한 싱겁게 먹는 것이 좋다.

◉ 붉은 혓바늘이 돋았어요

혓바늘은 피곤하거나 컨디션이 좋지 않을 때 주로 나타난다. 혓바늘이 돋으면 자극적인 음식을 피하고, 스트레스를 받지 않도록 한다. 오미자를 볶아 가루로 만들어 차처럼 끓인 뒤 식힌 물을 입에 머금었다가 뱉게 하면 호전된다.

◉ 혀가 딸기 모양이에요

가와사키병이나 성홍열에 걸리면 아이의 혀가 마치 딸기처럼 보인다. 특히 가와사키병은 감기와 증상이 비슷한데, 방치하면 심장병으로까지 진행될 우려가 있으니 혀가 딸기 모양으로 변하면서 열이 높다면 속히 진료를 받도록 한다.

구강 건강 지키는 백기사, 칫솔질

치아가 나기 시작한 아이라면 바로 칫솔질 훈련을 시작해야 한다. 치발기 형태의 연습용 칫솔부터 실리콘으로 된 유아용 칫솔까지, 초기 양치를 위한 칫솔이 다양하게 나와 있으니 시기에 맞춰 적절히 사용하도록 한다. 특히 유치의 씹기 활동은 얼굴 근육과 턱뼈를 발달시키는 동시에, 두뇌 발달을 자극하며 영구치의 자리를 잡아주는 역할까지 하기 때문에 잘 관리해야 한다. 하루 3번, 식후 3분 이내, 3분 동안 치아와 혀를 부드럽게 닦는 습관을 잡아주는 것이 무엇보다 중요하다.

◉ 1단계(1~12개월) : 유치 관리기

신생아 때부터 잇몸을 깨끗하게 관리하는 것이 평생 치아 건강의 시작이다. 잇몸이 깨끗하고 건강해야 유치가 제대로 날 수 있고, 나중에 영구치들이 고르고 튼튼하게 자리를 잡을 수 있기 때문이다. 모유나 분유를 먹인 뒤에는 물 묻힌 거즈나 구강 티슈를 이용해 입안을 구석구석 닦아준다. 적어도 하루 2번 이상은 입안을 닦아주는 것이 좋다. 또 아기가 젖병을 문 채 잠들지 않도록 하고, 수유 중 잠들었을 경우에도 반드시 입안을 닦아주도록 한다.

4~12개월 사이 첫 번째 유치가 돋아나면 양치를 시작한다. 처음 이가 나온 때부터 첫돌 사이에 치과에서 검진을 받으면 더욱 좋다.

⊙ 2단계(1~4세) : 양치질 준비하기

이 시기는 유치가 완성되는 때이다. 보통 3세가 되면 20개의 완전한 유치를 갖게 된다. 따라서 이 시기부터는 구강 관리가 본격적으로 이루어져야 한다. 하루 2번 이상 입안 구석구석을 닦아주고, 3세 무렵부터는 간단한 칫솔질을 시작한다. 처음에는 구강 티슈나 물수건으로 아이의 입안을 닦아준다. 그러다가 아이가 어느 정도 적응하면 아이의 손가락에 감아주어 스스로 입안 구석구석을 닦게 하는 것도 괜찮은 방법이다.

⊙ 3단계(4~6세) : 혼자 힘으로 양치질 시작

하루 2번 이상, 2분간 아이 스스로 양치질을 할 수 있도록 지도한다. 이때는 부모가 아이와 마주보고 칫솔질을 하면서 요령을 알려주고, 놀이처럼 즐겁게 할 수 있도록 이끌어준다. 충치가 가장 먼저 발생하는 곳인 씹는 면과 치아 뒷면에도 신경써서 칫솔질을 하도록 지도한다.

◉ 4단계(8세 이상) : 스스로 양치질 길들이기

식사는 물론, 간식을 먹은 뒤에도 잊지 말고 구강 관리를 해주어야 한다. 칫솔질이 여의치 않을 땐 구강 티슈를 챙겨주고, 학교와 학원에서도 스스로 구강 관리를 하는 습관을 들이도록 한다. 이때 치아의 중요성을 알아듣기 쉽게 설명해서 아이가 칫솔질을 당연한 일로 받아들이게 하는 것이 좋다.

> **Tip** 칫솔질 할 때는 혀도 닦게 해요
>
> 아이의 치아는 세심하게 관리하면서도 혀를 닦아주는 데는 소홀한 경우가 많다. 하지만 혀를 잘 닦지 않아서 생기는 위험은 생각보다 크다. 작게는 입 냄새의 원인이 되며, 나아가 잇몸 질환과 충치를 발생시키고, 심하면 미각을 손상시키기도 한다.
> 아이가 아주 어릴 때는 거즈나 구강 전용 티슈로 혀를 닦아주고, 자라서는 이를 닦을 때마다 혀도 함께 닦도록 가르친다. 이때는 혀의 뿌리 부분을 주로 닦아 설태를 벗겨내는 것이 중요하다. 어지간한 설태는 간단한 칫솔질만으로 충분히 제거할 수 있다. 만약 설태가 칫솔질로 해결되

지 않는다면 체내 건강의 적신호이므로 검사를 받아보는 것이 좋다. 혀를 닦을 때는 치약을 헹궈낸 뒤 가볍게 살살 밀어내듯 닦는다. 뻣뻣한 칫솔모로 무리하게 힘을 줘서 닦으면 맛을 느끼는 미뢰가 손상될 수도 있으니 주의한다.

Part 5
목

편도선염에서 기관지염, 고통스런 천식까지 목이 일으킬 수 있는 질병은 생각보다 많다. 특히 어린아이들은 환절기만 되면 목감기에 시달리고, 편도선이 부어오르는 일도 흔하다. 이런 일이 잦을 때는 예사로 넘겨서는 안 된다. 만성화되면 1년 내내 감기를 달고 사는 것은 물론, 편도 비대에 아데노이드 비대까지 올 수 있기 때문이다. 잔병이 큰 병 되기 전에 평소 아이의 목을 건강하게 지킬 수 있는 방법을 익혀두는 것이 좋다.

알아두면 도움이 되는 목 주변의 기관들

목은 우리 몸의 기를 주관하는 폐의 첫 번째 보호 관문이다. 대부분의 사람들이 적어도 1년에 한두 번 정도는 목구멍 통증을 경험한다. 목에는 편도선을 비롯한 많은 임파 조직이 자리하고 있기 때문이다. 임파 조직은 바이러스나 세균이 우리 몸에 침입할 때 처음으로 본격적인 전투를 벌이는 곳이다. 외부 침입으로부터 우리를 보호하는 일종의 최전방 전선인 셈이다. 때문에 목이 아프면, 일단 휴식을 취하고 영양을 공급하라는 신호로 받아들이면 된다. 특히 면역력이 약한 아이들의 경우, 목 상태를 민감하게 관찰해 빠르게 조치해주어야 한다.

◉ 인두

인두咽頭는 구강과 식도 사이에 있는 소화 기관 중 하나다. 해부학적으로 매우 복잡한 부위이며, 위로부터 비인두, 구인두, 하인두로 분류된다. 인두는 구강에서 내려온 음식물을 식도로 원활하게 내려보내는 역할을 맡고 있다. 단순히 음식물만 통과시키는 것이 아니라, 음식물이 기도로 흡인되지 않도록 하는 일도 한다. 즉 공기와 음식물을 구분하여 섭취하게 하는 것이 인두의 가장 중요한 기능이다. 또한 발성에 있어서는 공명관 역할을 하고, 비강과 연결되어 호흡에 관여하기도 한다. 또 고막 안쪽의 공간, 즉 중이강 내의 압력인 중이압을 외부 기압과 동일하게 유지해 청력을 유지시키는 일도 한다.

◉ 후두

후두喉頭는 기도 상단에 있는 것으로, 판상기구를 가진 중요한 발성 기관이다. 상방인 중인두, 하방인 기관, 후방인 하인두로 나뉜다. 공기의 흐름과 입에서 삼킨 음식물의 흐름이 교차하는 곳에 위치하고 있다. 후두는 음식을 삼킬 때나 구토할 때 음식물이 기도로 들어오지 않도록 보호한다. 이물질이 후두 점막을 자극하면 반사적으로 기침을 하는 것도 바로 이 때문이다. 또 호흡 작용에도 관여하며, 복압을 견디고 목소리를 결정하기도 한다.

⊙ 식도

삼킨 음식물이 인두를 지나면 식도 상부의 가로무늬근이 수축을 시작하고, 점차 연동 운동이 시작된다. 그로 인해 음식물이 아래쪽으로 내려간다. 음식물이 식도를 통과하는 데 걸리는 시간은 고형물일 때 5초, 액상물은 0.4~1.5초 정도다. 또한 식도는 위에 유해물이 들어왔을 때, 구토하게 하는 역할도 한다. 하지만 습관적인 구토로 위액이 식도에 접촉하면 염증을 일으킬 수도 있으니 조심해야 한다.

⊙ 구개편도

흔히 편도선이라고 부르는 부위다. 구강 안쪽 인두와의 경계에 있는 한 쌍의 타원형 융기로를 가리킨다. 구개편도는 아이의 성장과 더불어 커지는데, 만 7세 전후에 가장 커졌다가 차차 줄어든다. 편도는 림프절과 마찬가지로 세균 감염을 막는다. 비정상적으로 커지면 호흡, 연하嚥下, 수면 등에 장애를 초래하기도 한다. 10여 년 전만 하더라도 편도선의 역할이나 그 중요성을 제대로 인식하지 못해, 환자가 불편을 느끼면 절제 수술을 하는 경우가 많았다. 그러나 최근에는 편도선에 대한 재인식이 확대되면서 절제 수술을 권하지 않는 추세다.

⊙ 기관지

기관지는 사람의 호흡기를 이루고 있는 부분으로, 기관에서 양쪽 폐로 갈라져서 폐의 입구까지 이르는 관을 말한다. 기관지는 코로 들이마신 공기를 폐로 보내는 통로로, 외부의 산소를 체내로 전달하고 체내에서 생성된 이산화탄소를 배출하는 과정에서 공기가 드나드는 수송관 역할을 한다. 또한 기관지 점막의 점액과 섬모 운동은 기관지에 들어오는 이물질을 이동시키거나 제거하는 기능도 한다. 전반적으로 외부에서 침입하는 세균에 대한 면역 작용도 겸한다.

목 건강 놓치면 면역력, 집중력 나빠져요

환절기에는 공기가 건조해 목감기가 유행하곤 하는데, 이때의 목감기가 바로 급성 편도선염이다. 주요 증상은 고열과 식욕 저하, 침 삼킴 곤란, 목의 통증 등이다. 편도선염이 심해지면 성대와 이를 둘러싼 후두에 염증이 발생하는 후두염으로 발전될 가능성이 크다.

목 질환은 감기에서 비롯되거나 기후 변화가 심한 환절기 때 찾아오는데, 이처럼 목 질환이 생겼다는 것은 아이의 신체 저항력이 떨어졌다는 신호로 받아들여야 한다. 우리 몸의 최전방 방어 기지인 편도선에 염증이 발생한 것은 곧 몸의 면역력이 약해졌다는 증거이기 때문이다.

신경 과민일 때도 목 질환이 생길 수 있다. 평소 편도선도 문제가 없고 감기에도 안 걸리는 편이었는데, 갑자기 목이 붓거나 아픈 경우는 여기에 해당한다. 가만히 따져보면 그즈음 신경을 많이 쓰거나 스트레스를 받았음을 알 수 있을 것이다. 이때는 마음을 편안하게 하고 충분히 휴식을 취해주는 것이 우선이다.

물론 단순히 과로 때문에 목이 붓고 아플 수도 있다. 학교 생활에 과외 활동에 어른들보다도 바쁜 요즘 아이들에게는 과로가 그렇게 생소한 일이 아니다. 목에 문제가 생기면, 아이는 아이대로 엄마는 엄마대로 신경 쓰이고 불편할 것이다. 하지만 정작 중요한 것은 목의 통증이 아니다. 목이 아프다는 것은 '지금 건강 상태가 좋지 않다'는 우리 몸의 신호이니, 얼른 그 신호를 알아채 더 큰 병이 생기기 전에 주변 환경을 개선하고 몸을 추스르는 것이 더 중요하다.

이런 이유들과 관계없이 목이 자주 아픈 경우도 있다. 이럴 때는 체질적으로 음허한 것이니, 일시적인 치료 대신 면역력을 강화하고 체질을 개선하는 근본적인 치료를 해야 한다.

목이 아프면 먹는 것, 마시는 것은 물론, 침을 삼키는 일까지도 고역이다. 따라서 목 질환은 식욕을 떨어뜨리고 수면까지 방해해 청소년의 성장에 악영향을 끼친다. 공부는커녕 성장마저도 위협할 수 있는 질병이므로 가급적 미리 예방해주는 것이 최선책이다.

편도선염만 해도 급성으로 앓고 지나

갈 수도 있으나, 만성화되면 열감기가 반복적으로 나타나 1년 내내 감기에 시달리게 된다. 이에 따라 편도가 비대해져 편도비대증이 나타날 수 있다. 구개편도가 비대해지면 코골이나 치아의 부정 교합과 같은 증상이 나타난다. 반면 코 뒤에 있는 아데노이드가 비대해지면 코막힘, 구강 호흡, 코골이, 수면 시 무호흡, 삼출성 중이염 등이 유발된다. 심하면 입으로만 숨을 쉬느라 아이가 항상 입을 벌리고 있게 되고, 집중력 저하나 발육 부진 같은 심각한 문제를 초래할 수도 있다.

목이 아플 때 가장 좋은 치료법은 쉬는 것이다. 몸과 마음을 안정시키고 가벼운 음식을 먹으며 한의사 처방에 따라 3~4일간 치료하면 많이 좋아진다. 급성 편도선염은 몇 년에 한 번 정도 앓는 것이 보통이다. 만약 1년 안에 급성 편도선염을 반복해서 앓는다면 만성 편도선염일 가능성이 높으니 전문적인 치료를 받도록 한다.

> **Tip 목의 통증을 완화하는 방법**
>
> 목이 아플 때 보리차나 유자차 등 따끈한 차를 자주 마시면 염증이 생긴 목구멍에 열이 가해져 통증이 줄어든다. 이때는 되도록 천천히 마셔서 따끈한 음료가 목에 오래 접촉할 수 있도록 하는 것이 좋다. 소금물이나 시중에서 파는 가글액을 사용하는 것도 좋은 방법이다. 소금물을 사용할 때는 따끈한 물 한 컵에 소금을 반 티스푼 정도 섞어 목구멍을 가셔준다. 증상이 심하지 않다면 여기에 충분한 휴식과 수분을 섭취해주는 것만으로도 증세가 호전될 수 있다.

피곤하면 목부터 쉬는 우리 아이

초등학교 3학년인 민우는 감기를 앓고 난 뒤 한 달 정도 목소리가 잘 나오지 않았다. 민우 어머니는 아이를 데리고 이비인후과를 찾았지만 그저 역류성이라는 말뿐, 속 시원한 얘기는 들을 수가 없었다. 병원에서 약을 처방받아 1주일 정도 먹고 나니 조금 좋아지는 듯했지만, 그 뒤로는 조금만 피곤해도 목이 쉬곤 하여 한의원을 찾았다. 지금은 면역력을 강화하고 성대를 건강하게 하는 한약 처방으로 증세가 호전되어 안정권에 접어들었다.

아이들 목이 쉬면 부모는 걱정이 앞선다. 노래를 심하게 부르거나 소리를 지르면 일시적으로 목소리가 잠기거나 갈라질 수도 있다. 하지만 어느 정도 시간이 지나면 제 목소리가 나와야 한다. 그런데 이유 없이 목소리가 변해서 쉬 좋아지지 않는 경우도 종종 있다. 특히 이것이 습관적으로 나타나게 되면 장기적으로 아름다운 목소리를 유지하기 힘들게 된다.

한방에서는 이런 경우를 음이 크게 부족한 경우와 스트레스로 심장에 부담이 가서 성대가 건조해지는 경우로 나누어 치료한다. 한의학적 견지에서 볼 때 심장은 목소리의 주이며, 폐는 목소리의 문, 신장은 목소리의 근원이다. 때문에 목이 쉬었다는 것은, 목소리의 근원이 되는 신장 기능이 떨어졌다는 것을 뜻한다. 신이 허해져 몸 안의 모든 기를 제자리에 돌려보내지 못하기 때문에 기침이 나오고 목소리가 건조해지는 것이다.

물론 전에 그런 적이 없다가 갑작스럽게 목이 쉬었다면 외과적인 이상을 의심해볼 수도 있다. 즉 성대 폴립이나 성대 결절 등의 이상이 생긴 경우다. 성대 폴립은 짧은 기간에 무리한 발성을 한 경우 생기는 일종의 양성 종양이다. 소아보다는 30~50대 성인 남성에게서 자주 나타난다. 반면 성대 결절은 지속적으로 무리한 발성을 했을 때 발생하는, 성대의 양성 점막 질환이다. 6~7세의 남자 어린이, 또는 30대 초반의 여성에서 많이 발생하며, 직업적으로는 목을 많이 사용하는 가수나 교사들에게서 흔히 나타난다.

목소리가 갑작스레 변했다면 우선 진료를 받는 것이 중요하다. 일반적으로 성대 폴립은 수술로 제거해야 하지만, 성대 결절이라면 한약 약물 치료를 중심으로 외용 치료 및 음성 치료 등을 통해 호전시킬 수 있다. 하지만 여의치 않을 때는 성대 결절 역시 수술을 받아야 한다. 또한 두 질환 모두 장기간 방치하면 발성 문제가 굳어져 수술을 시행하는 경우가 많으며, 수술 후에는 재발방지 및 성대보호를 위해 한약을 복용하는 것이 필요하다.

기질적인 문제가 아니라면, 평소 물을 많이 마셔 목을 촉촉하게 하는 습관을 갖는 것만으로도 성대를 보호할 수 있다. 어린이 목 건강을 위해 실내 온도는 22~24℃로 유지하는 것이 좋으며, 이러한 경우 습도는 50~60% 정도로 약간 습하게 해주는 것이 좋다. 한방에서는 찬 기운이 풍지와 풍부 및 폐수의 경혈점인 목과 등으로 들어오면 목이 상한다고 본다. 따라서 찬바람이 불 때면 아이의 목덜미와 등을 따뜻하게 해주는 것이 좋다.

잦은 기침 감기, 혹시 천식은 아닐까?

아이가 기침을 심하게 하면 폐렴이나 천식이 아닌지 의심해 보아야 한다. 이런 병을 흔한 감기로 생각하고 대수롭지 않게 넘겼다가 치료 시기를 놓치면, 증세가 악화될 수 있으니 주의를 기울여야 한다. 실제로 보건복지가족부의 〈2006~2008년 월별 천식 환자 심사 실적 자료〉에 따르면 0~9세가 전체 천식 환자의 41.7%를 차지하고 있어, 소아 천식의 위험성을 대변해주고 있다.

이제 갓 돌이 넘은 소윤이도 감기에 걸려 석 달 가까이 고생했다. 기침이 너무 심하고 목에서는 가래가 그르렁거리는 소리가 나 아이가 힘들어했다. 밤에도 깊은 잠을 자지 못하고 뒤척이는 일이 많았다. 소윤이는 아동 전문 병원에 세 차례나 입원해 치료를 받았지만, 증상은 좀처럼 호전되지 않았다. 답답한 마음에 아이를 데리고 종합병원을 찾은 소윤이 어머니가 듣게 된 소윤이의 병은 천식이었다.

　기관지나 폐 안에 밖으로 내보내야 할 이물질이 있을 때 우리 몸은 기침을 한다. 이것은 마치 몸이 아플 때 열이 나는 것과 같은 것으로, 몸 안의 나쁜 기운을 몰아내는 과정이라고 보면 된다. 그러니 기침 자체는 나쁘다고 할 수 없다. 하지만 열과 달리, 쉽게 낫지 않고 오래가면 기관지나 폐의 기능까지 약화시켜 폐렴이나 기관지 천식, 알레르기성 기관지염, 축농증 등의 합병증을 일으킬 수 있다. 아이의 기침 소리를 단순 감기로만 여겨 방치했다가는 평생 천식을 달고 살게 만들지도 모른다. 그러니 어린아이를 둔 가정에서는 항상 긴장을 늦추지 말아야 한다.

　실제로 소아 천식은 발견이 늦어 치료 시기를 놓치는 경우가 많다. 아이들이 걸리는 병 중에 천식과 증상이 비슷한 것이 많기 때문이다. 대표적인 것이 모세기관지염, 기관지염, 감기, 흡인성 폐렴, 백일해 등이다. 이런 질병은 나이가 어릴수록 구분이 더욱 어렵다.

　우선 알레르기성 기침은 대개 열 없이 이른 아침이나 밤에 기침을 하는 증상으로 나타난다. 기침은 수십 일, 혹은 몇 달간 계속되기도 하고 대개는 코 막힘 증세를 동반한다. 경우에 따라서는 찬 바람을 쐬거나 찬 음식만 먹어도 기침이 나는데, 이런 경우 천식으로 이어질 가능성이 높다.

또한 소아 천식은 알레르기 질환과 함께 오는 경우가 많다. '알레르기 행진'에 쉽게 노출되는 알레르기성 체질의 아이들은, 보통 생후 수개월 안에 아토피 피부염이 생기고 감기에 자주 걸리면서 설사도 한다. 이후 2~3세가 되면 쌕쌕거리는 숨소리와 기침, 호흡 곤란을 겪으며 결국 천식 진단을 받게 된다. 초등학생이 되면 알레르기 비염과 알레르기 결막염 증상이 동반되기도 한다. 다양한 알레르기 질환이 시간차를 두고 계속해서 발생하는 것이다. 이것이 바로 '알레르기의 행진'이다. 이 경우에는 무엇보다 한방 치료가 시급하다.

바이러스가 침투하여 기도에 염증을 일으키는 질병인 급성 기관지염 역시 천식과 증상이 비슷하다. 이때에는 기침과 함께 가래가 나오는데, 기침을 하면 가슴이 아프고, 때로는 쌕쌕거리는 천명음도 들린다. 그러나 미열이 있다는 점에서 천식과 다르고, 증상 역시 오래가지 않기 때문에 구별이 가능하다.

기도와 기관지에 염증이 생기는 백일해는 새벽에 20~30분 정도 발작적인 기침을 일으키는 병으로, 만 5세 이하의 유소아가 잘 걸린다. 특히 돌이 안 된 영아의 경우에는 사망률도 높으니 신속하게 치료를 받아야 한다. 치료를 받으면 대개 6~8주 만에 낫지만, 마른 기침은 수개월간 지속될 수 있다.

소아 천식은 한방에서는 '효천증'이라고 부르는데, 근본적인 원인이 되는 폐와 기관지의 면역력을 강화시켜야 치료할 수 있다. 천식이 생기면 기관지에 염증이 생기면서 기관지벽이 부어오르고, 숨을 쉬는 기관지 통로가 좁아져서 호흡 곤란이 나타난다. 주된 원인은 알레르기로, 감기나 진드기, 꽃가루, 찬 공기 등의 외부 환경 요인이 80% 이상을 차지한다.

천식은 호흡 곤란, 기침, 천명음 등 주요 증상의 정도에 따라 경증, 중등증, 중증으로 나눠 치료하게 된다. 경증의 경우엔 쌕쌕거리는 소리의 정도가 약하고 호흡 곤란 정도도 가볍다. 주로 밤중이나 새벽에 발생하는데, 아이 스스로도 미처 인식하지 못한 채 잠을 잘 정도다. 중등증은 옆에 있으면 쌕쌕거리는 소리가 들리고, 숨 쉬는 것이 답답하게 느껴진다. 경증이나 중등증의 경우에는 한약 처방으로 비교적 쉽게 치료할 수 있다.

하지만 중증이라면 쌕쌕거리는 소리가 심해 좀 떨어진 곳에서도 분명히 들을 수 있을 만큼 강하다. 호흡 곤란 역시 심해서 엄마 아빠가 안아주거나 상체를 앞으로 숙여주어야만 호흡을 할 수 있을 정도다. 이쯤 되면 산소 호흡기를 상비한 병원에 입원해야 하고, 기관지 확장제를 가지고 다니면서 응급 상황을 넘겨야 한다.

기침은 간단한 치료만으로도 후유증 없이 치료할 수 있지만, 기침이 오래 되어 생긴 천식이나 기관지 확장증 등은 완치가 매우 어려운 난치병에 속한다. 이 점에 유념하여, 아이가 불편을 느끼면 바로 치료를 받도록 조치해야 할 것이다.

아직도 적지 않은 사람들이 소아 천식은 나이가 들면 저절로 좋아진다고 잘못 알고 있다. 물론 아이가 자라면 기관지도 커지고 면역

기전도 발달하기 때문에, 천식이 치료될 가능성은 성인보다 높다. 하지만 조기에 뿌리 뽑지 않으면 만성 천식으로 발전할 수 있으므로 부모들의 주의가 꼭 필요하다.

편식이나 음식 거부가 심하면 편도선염을 의심하세요

다섯 살 정은이는 또래보다 덩치가 작고 허약한 편이다. 편식이 심한 데다 식사를 거르기 일쑤여서, 엄마가 따라다니면서 밥을 떠먹이곤 할 정도였다. 정은이 어머니는 아이의 건강이 항상 걱정이었는데, 어느 날 심한 감기로 병원을 찾았더니 아이의 편도선염이 심각한 상태라고 했다. 그 동안 정은이의 편식이나 밥투정도 편도선염이 일으킨 목의 통증 때문이었던 것이다. 언젠가 정은이가 목이 아파서 밥을 안 먹겠다고 얘기한 적이 있었는데, 핑계를 대는 것이라고 생각하고 넘겨버린 것이 화근이었다. 얼마 전부터 한방 치료를 시작한 정은이는 눈에 띄게 좋아지고 있다.

어린이와 청소년들이 잘 걸리는 목 관련 질환으로 편도선염을 빼놓을 수 없다. 편도선염은 주로 감기가 오래 진행되면서 편도가 세균에 감염되어 발생한다. 하지만 기후 변동이나 과로, 과음, 과식 등이 원인이 되기도 하고, 비강 및 축농증 수술을 한 후에 발생하는 경우도 많다.

편도선염에 걸리면 갑자기 39~40℃에 달하는 고열이 나고, 두통과 인두통 등이 일어나며 목이 몹시 아프고 부어오른다. 염증이 심할 때는 목이나 턱 밑 임파선이 붓기도 하고, 편도선 표면의 우묵한 곳에 고름이 생기기도 한다.

편도선염은 급성과 만성으로 나뉘는데, 급성의 경우에는 바이러스에 의한 상기도 감염이나 세균의 2차 감염, 또는 세균의 직접 감염이 원인이다. 만성이 되면 염증이 고착화하여 편도가 항상 부어 있게 된다. 때문에 목에 이물감이 느껴지고 힘이 없으며, 미열이 지속되면서 호흡도 불편하고 쉽게 피로해진다.

편도선염을 자주 앓는 어린이들은 대개 건강한 어린이들에 비해 식생활이 불규칙하며, 복통을 호소하는 일도 잦다. 또 안색이 좋지 않고 피로를 잘 느끼며 신경질도 많은 편이다. 임상 통계에 따르면, 부모가 편도선염을 반복적으로 앓았던 가정의 아이에게서 발생 빈도가 높아 유전적 소인도 있는 것으로 여겨지고 있다. 이런 아이들은 비장의 기능이 떨어져 있어 만성 편도선염에 감염될 가능성도 높다.

편도선염 관리에 있어 주의할 점은 더 이상 확산되지 않도록 하는 것이다. 코 뒤쪽의 편도와 혀 뒤쪽의 편도가 동시에 염증을 일으키게 되면, 편도 주변이나 목 부위까지 고름이 고일 수가 있다. 그렇게 되면 급성 후두염과 후두 기관지염, 급성 중이염, 급성 비염, 급성 부비동염 등 코와 목의 모든 부위에 병을 일으킬 소지가 있다. 때문에 편도선염은 발견 즉시 완벽하게 치료해야 한다.

목 질환에 대한 한방적 치료법

목은 코와 달리 외부 바이러스 등의 이물질이 침입하기 쉬운 구조로 이루어져 있어서, 감염 가능성도 높다. 또 질환이 발생했을 때 병세가 빠르고 변화무쌍하다는 특징을 갖는다. 평소 면역력이 약하고 체질이 허약한 아이들에게서 자주 나타나는 것이 목 관련 질환인데, 특히 구개편도가 큰 아이들은 면역력이 쉽게 떨어지기 때문에 목 질환을 앓을 가능성도 높다. 따라서 목 질환을 자주 앓는 아이들에게는 면역력을 강화하고 체질을 개선하여 전체적인 신체 리듬에 활력을 불어넣어주는 한약 치료가 선행되어야 한다.

◉ 편도선염

편도선염이나 편도비대증에 걸렸을 때, 항생제를 사용하면 목의 염증이나 부기는 곧 가라앉힐 수 있다. 하지만 그렇게 해서는 재발되기 쉽고, 재발이 되면 처음보다 회복이 더 어렵다. 또 심한 경우에는 편도선을 제거하는 수술을 받기도 하는데, 그렇게 되면 제거 후 후유증이 남게 된다. 그러므로 대상이 어린이라면 특히 더 신중하게 판단해야 한다. 한약이나 침 등의 방법으로 치료를 하면 편도선과 더불어 몸 전체의 건강까지 챙길 수 있어 안심할 수 있다.

한방에서는 편도선염 진단이 내려지면 한약을 복용하여 염증을 없애는 동시에, 면역력을 키우고 목과 편도의 기능을 강화하는 침 요법을 시행한다. 한약은 염증을 제거하고 면역력을 키워 체질을 개선시키는 역할을 한다. 개인에 따른 증상의 차가 크기 때문에 무엇보다 몸 전체의 건강 상태를 확인하기 위한 기혈 순환 검사와 내시경, 후두경 등을 통한 검진이 선행되어야 한다. 이를 바탕으로 하여 한약을 잘 쓰면 좋은 치료 결과를 기대할 수 있다.

염증이 발생한 인후 점막은 증류한 한약을 추출해 치료하게 되는데, 이때는 외부 자극에 대한 저항력을 키워 쉽사리 감기에 걸리지 않도록 하는 데 중점을 둔다. 침 요법은 기혈 순환의 중심인 심장을 기본으로, 면역력의 중심인 신장과 기를 주관하는 폐의 기능을 회복시켜 혈액 순환을 원활하게 하는 보조적 요법이다.

⊙ 소아 천식

소아 천식은 감기로 인한 재발인 경우가 많기 때문에, 빠른 효과를 기대하기보다는 장기간의 치료를 요하는 질환이다. 하지만 소아 천식의 특성을 잘 이해하고 단계별로 아이의 면역력을 향상시켜주면 재발이나 후유증 없이 치료할 수 있다.

천식은 대부분의 비염이 그렇듯이 알레르기성 질환이다. 장부의 기능을 보하고 폐의 기능을 강화하여 감기를 막아준다면, 천식으로 전이되는 것을 막고 증세를 호전시킬 수 있다. 폐와 기관지의 면역력이 약한 아이들은 피부가 약해서 찬 기후에 민감하다. 그래서 온도가 낮아지는 밤에는 기침이 심해지는 것이다. 거기에 기후가 건조하기까지 하다면 증상은 더욱 악화된다.

천식 치료는 폐, 기관지의 호흡기 면역력을 강화시키면서 천식 증상이 점차 사라지게 한다. 소아 천식의 치료 원칙은 기관지 염증을 중단시키고, 좁아진 기관지를 확장시키는 데 있다. 한방에서는 이를 위해 향기 요법을 통한 점막 치료와 침, 물리 치료 등 다양한 치료를 시행하며, 한약 복용과 코에 직접 분사할 수 있는 한방 스프레이 등도 활용한다. 보통 증상이 어느 정도 가라앉으면 치료를 그만두는 경향이 있는데, 치료를 끝까지 마쳐야만 완쾌될 수 있다.

⊙ 기관지염

기관지염에는 충분한 휴식과 맑은 공기만큼 좋은 약이 없으니 평소 맑은 공기를 많이 접하도록 해야 한다. 또한 공기가 건조하면 증상이 악화될 수 있으므로 습도 관리에도 만전을 기해야 한다.

기침만 심한 경우, 감기와 더불어 목에서 컹컹거리는 소리가 나고 통증이 심한 경우, 목의 통증만 심한 경우, 열이 오르는 경우 등 증상과 원인에 따라 각기 다른 약물을 처방하게 된다.

목을 보호하는 생활 마사지

목은 임파선이 밀집되어 있고, 뇌와 몸을 연결하는 혈관이 분포해 있어 평소 건강하게 관리해주어야 한다. 특히 목 마사지는 식도와 편도선, 기관지 등을 가까이에서 자극할 수 있는 것이기 때문에, 꾸준히 해주면 목 전반의 건강과 함께 얼굴의 혈색도 살릴 수 있다.

하지만 목은 피하 지방이 적고 피부가 얇아 자극하는 데 어려움이 많다. 특히 아이들의 목을 손가락 등으로 강하게 자극했다가는 통증을 느끼거나 멍들 수도 있으므로, 손바닥 온열로 마사지해주는 것이 가장 좋다. 목 중앙에는 몸 전면 중앙을 관통하는 임맥 줄기가 지나고 있고, 그 양옆으로는 위장과 대장경락 줄기가 자리하고 있다. 손바닥으로 문질러주는 것만으로도 목과 복부의 장기를 동시에 건강하게 하는 효과를 볼 수 있다.

목 경락 마사지

① 아이를 앉히고 등 뒤에서 감싸 안듯이 하며 앉는다.

② 양쪽 손바닥을 마주대고 강하게 문질러 열기를 낸다.

③ 손바닥이 따뜻해지면 오른쪽 손바닥을 아이의 목 전면 중앙에 대고 위아래로 강하게 문지른다. 쓸어 올릴 때는 조금 강하게, 내려올 때는 부드럽게 하는 것이 포인트다. 12회 실시한다.

④ 같은 방법으로 왼손 손바닥으로 실시한다. 12회 실시하고 온기가 식으면 다시 손바닥을 마주대고 비벼 한 번 더 반복한다.

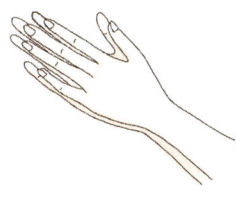

⑤ 다시 양쪽 손바닥을 마주대고 강하게 문질러 열기를 낸다.

⑥ 아이의 쇄골 주변에서 턱 밑까지 양손으로 교대로 쓸어 올린다. 양손 한 세트로, 12회 반복한다.

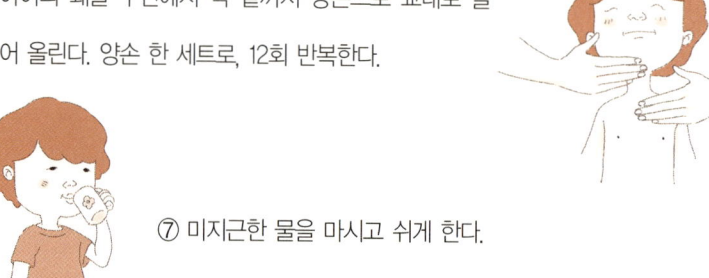

⑦ 미지근한 물을 마시고 쉬게 한다.

천식을 완화하고 면역력을 강화해주는 비강 복식호흡법

평소 아무 생각 없이 지내다 보면 코와 입으로만 공기를 들이마셨다 내뱉는 짧은 호흡을 하게 된다. 특히 아이들은 숨을 깊게 들이마시거나 길게 내뱉는 일이 거의 없다. 하지만 숨쉬기만 제대로 해도 천식을 비롯한 기관지 질병의 증상을 완화시킬 수 있다. 대표적인 것이 복식호흡이다. 숨을 배 끝까지 끌어당기고 최대한 내뱉는 이 호흡법을 활용하면, 심장과 폐의 기능이 좋아지고 기관지가 튼튼해지며, 정신이 맑아져 집중력도 높아진다. 익숙해지기까지는 다소 시간이 걸리므로 처음에는 부모가 시범을 보이고, 아이가 편안하게 누운 상태에서 연습하게 한다.

① 편안하게 누운 상태에서 한 손은 가슴에, 다른 한 손은 배 위에 올린다.

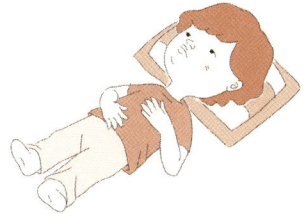

② 입을 다물고 코로 숨을 들이마시는데, 최대한 길고 깊게 들이마신다. 배를 풍선처럼 크게 부풀린다고 생각하면 쉽다.

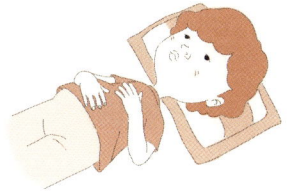

③ 들이마신 숨을 입이 아닌 코를 통해 천천히 내뱉는다. 이때는 배가 쏙 들어갈 때까지, 몸속의 공기를 모두 내보낸다는 생각으로 길게 내쉰다. 그래야 구강 호흡이 아닌 비강 호흡에 익숙해져 호흡 기능 강화에 도움이 된다.

목 아플 때 따라하기 좋은 민간 요법

목 관련 질환을 치료하는 도중이나, 가벼운 감기 증상으로 인해 목이 붓고 아플 때 따라해볼 만한 민간 요법이 많이 있다. 가정에서 손쉽게 구할 수 있는 식품들을 활용해 약물을 만들거나 찜질을 해주는 것인데, 증상이 한결 가벼워지는 것을 느낄 수 있다. 또 증상이 없다 해도 목이 약한 사람들은 이들 식품을 활용하면 질병을 예방하는 효과를 얻을 수 있다.

⊙ 목 아프고 가래가 끓을 때는 **도라지 달인 물**

도라지는 옛부터 목이 아프거나 가래가 끓을 때 널리 사용되던 식품이다. 도라지에는 사포닌, 푸라티고닌 등이 다량 함유되어 있어 진해, 거담 작용을 한다. 큼직한 도라지 한 개를 적당한 크기로 잘라 물한 대접을 붓고 물이 반으로 줄어들 때까지 중불에서 달여 하루 3번 반 컵씩 마신다. 일주일쯤 지나면 가래가 씻은 듯이 사라진다. 기관지가 안 좋은 사람들은 평소에도 도라지를 많이 섭취하는 것이 좋다.

⊙ 목구멍의 통증이 심할 때는 **도라지와 감초 달인 물**

도라지와 감초는 목 부위의 열과 염증을 가라앉히고 기를 소통시켜주는 작용을 하기 때문에, 한방에서도 애용하는 식품이다. 같은 양의 말린 도라지와 감초를 넣고 물을 부어 반으로 줄어들 때까지 달인다. 이 물을 자주 마시고 동시에 천일염이나 죽염 녹인 물로 가글을 하면 목구멍의 통증이 가라앉는다. 도라지 달인 물을 먹기 힘들어하는 아이들에게 좋다.

⊙ 만성편도선염 예방에는 **멸치 콩나물국**

편도선염은 감기와 함께 위장의 기능을 바로잡아야 예방할 수 있다. 멸치 국물로 콩나물국을 자주 끓여 먹으면 좋다. 콩나물은 순하게 열을 내리는 효능이 있으며, 멸치는 육류에 비해 위장에 부담이 없다.

⊙ 목이 자주 붓고 아픈 아이에겐 **무**

초기 감기 증세로 목구멍이 간질간질할 때는 무를 갈아서 흑설탕이나 꿀을 넣어 먹으면 효과를 볼 수 있다. 아이가 무의 매운맛을 싫어한다면 식초를 한두 방울 떨어뜨리거나 초간장을 조금 뿌려 매운 맛을 없애준다. 1회 용량은 평소 아이가 쓰는 숟가락으로 1~2숟갈 정도가 적당하다.

⊙ 목이 쉬었을 때는 **매실액**

목이 쉬었을 때는 아침 저녁으로 매실액을 먹으면 목소리가 한결 부드러워진다. 매실액의 강한 맛이 부담스럽다면 따뜻한 물에 희석해서 차로 마시는 것도 좋다.

⊙ 편도선 염증에는 **석류 달인 물**

석류 열매 1개를 통째로 잘라 물 2컵을 붓고 중불에서 끓인다. 끓기 시작하면 불을 약하게 줄여 30분쯤 더 달여 걸러낸다. 이 물로 하루 3~5회 정도 가글을 하면 편도선 염증을 완화할 수 있다.

⊙ 염증과 가래를 가라앉히는 **생강 찜질**

목에 염증이 있고 가래가 쉬 가시지 않는다면 생강 찜질을 활용해 볼 만하다. 생강 1쪽을 강판에 갈아 고춧가루 2큰술과 물 6컵을 넣고 센 불에 끓인다. 이 물을 두툼한 수건에 적셔서 목에 감아준다. 마른 수건을 준비해 젖은 수건 위에 한 번 더 감아주면 보온 효과가 더 좋다. 찜질액이 식으면 수건을 바꿔가면서 20분 정도 찜질을 한다.

목을 시원하게 하는 한방 건강 식품

아이들은 목이 답답하면 아이스크림이나 차가운 음료를 찾는다. 하지만 이런 식품들은 먹을 때는 시원한 느낌을 주지만 인후두를 직접 자극하기 때문에 오히려 목의 염증을 악화시킨다. 사탕이나 초콜릿, 인스턴트 식품 역시 목 건강에는 해롭다. 그보다는 전통적으로 목 보호 기능이 있다고 알려져 있는 식품들을 활용하는 것이 좋다.

◉ **기침과 가래를 삭혀주는 배**

배는 갈증을 해소하고 열을 내려주며 기침과 가래를 삭이는 작용을 한다. 한방에서도 배를 다양하게 사용하는데, 담을 동반한 기침에는 배즙에 생강즙이나 연근즙을 섞어 먹으면 효과를 볼 수 있다.

단, 몸이 차거나 소화 기능이 약한 아이들은 설사를 일으킬 수 있으니 많이 먹지 않는 것이 좋다.

⊙ 호흡기 질환에 두루 쓰이는 **도라지**

도라지는 전통적으로 기침과 가래, 기관지염 등 호흡기 질환에 사용되어왔다. 《동의보감》에는 도라지가 허파와 목, 코, 가슴의 병을 다스리고 벌레의 독을 내리는 데 효험이 있다고 소개되어 있다.

도라지를 꿀에 재워 차로 마시거나 은행과 함께 볶아 반찬으로 먹으면 목을 보호하는 데 효과가 있다.

⊙ 기침을 잡아주는 **모과**

모과는 가래를 없애고 기침을 멈추게 하는 효능이 있어 만성 기관지염이나 인후염 등에 널리 사용된다. 감기, 기관지염, 폐렴 등으로 기침을 심하게 할 때 사용하면 효과를 기대할 수 있다. 꿀이나 설탕에 재운 모과를 물에 타 차로 마시거나 잼을 만들어 먹는다.

⊙ 기침으로 가슴이 답답할 때는 **잉어**

잉어에는 단백질, 지방, 칼륨, 철을 비롯해 미네랄과 비타민, 히스티딘, 글리신, 아미노산 등의 영양이 풍부하다. 심한 기침으로 가슴이 답답하고 숨이 가쁜 증상이 있을 때 도움을 준다. 잉어를 백숙으로 고아 그 즙을 마시게 하면 좋은데, 아이가 잘 먹지 않으면 잉어찜이나 조림 등으로 만들어 먹어도 좋다.

◉ 가래를 삭이는 **살구**

살구에는 아미그달린이라는 성분이 들어 있어 기침을 멎게 하고 가래를 삭이는 작용을 한다. 성질이 따뜻하고 신맛과 단맛을 동시에 갖고 있는 과일이다. 제철 살구를 잘 씻어 하루 1~2개 정도 먹는다. 꿀이나 설탕에 절인 살구즙이나 말린 살구도 좋다.

◉ 천식을 치료해주는 **인삼**

인삼은 혈액 순환과 호흡기 건강에 도움이 되는 식품이다. 폐를 보하고 천식을 치료하는 효과가 있어 기관지와 목을 보호하는 데도 도움이 된다. 단, 열이 많고 아토피가 심한 아이에게는 금한다.

◉ 폐를 보호하고 열을 내리는 **감**

감은 몸의 열을 식히고 폐를 보하는 기능을 한다. 곶감도 비슷한 작용을 하는데, 특히 곶감 표면의 흰 가루에는 진해 거담 작용을 하는 성분이 함유되어 있다. 단, 곶감을 너무 많이 먹으면 변비가 생길 수 있으니 주의하도록 한다.

◉ 가래와 구토를 잡아주는 **생강**

생강은 목을 보호하는 대표적인 식품 중 하나로, 가래를 없애고 구토를 진정시키며 몸의 열을 내리는 효과가 있다. 껍질 벗긴 생강을 꿀이나 설탕에 재워 먹는다. 또는 얇게 썰어 찜통에 살짝 찐 후 말려서 건강乾薑을 만든 후 하루에 1조각 정도 먹으면 효험을 볼 수 있다.

목을 부드럽고 건강하게 해주는 한방 차

심리적인 불안이나 우울, 피로 등이 누적되면 기혈이 소모되어 몸 전체의 건강이 위협받게 된다. 다른 부위도 마찬가지지만 특히 목 건강을 위해서는 과로와 정신적인 스트레스를 피해야 한다. 또 목을 많이 쓴 뒤에는 모과나 박하, 도라지 중에서 체질에 맞는 따뜻한 차를 선택하여 피로를 풀어주는 것이 좋다.

⊙ 기침과 만성 기관지염에 좋은 **감꼭지차**

감꼭지에는 포도당, 과당 등의 당질과 함께 토리텔리펜 성분이 함유되어 있어 기침과 만성 기관지염, 딸꾹질 등에 효능을 발휘한다. 감꼭지는 6~8월에 따서 깨끗하게 씻은 후 쪄서 잘 말린다. 단, 너무 많이 찌면 영양분이 파괴되므로 유의한다.

🍴 Recipe

- 찻잔에 감꼭지 3개를 넣고 뜨거운 물 200ml를 붓는다. 1~2분 정도 우려낸 뒤 감꼭지를 건져 내고 흑설탕을 타서 마신다.

⊙ 천식에 도움이 되는 **오미자차**

오미자는 단맛, 신맛, 매운 맛, 짠맛, 쓴맛 등의 다섯 가지 맛을 낸다 하여 오미자라는 이름을 갖게 되었다. 오미자의 다섯 가지 맛은 신체의 장부를 이롭게 하는데, 짠맛과 신맛은 간을 보호하고, 단맛은 자궁을, 매운 맛과 쓴맛은 폐를 보호한다. 피로 회복이나 천식을 진정시키는 데 효능이 있다.

🍴 Recipe

- 잘 마른 오미자를 깨끗이 씻은 후 물기를 제거한다. 오미자 30g에 팔팔 끓여 식힌 물 5컵을 부어 하루 정도 담가두었다 체로 걸러낸다. 이 물을 냉장고에 보관해두고 그냥 마시거나 꿀을 타서 마신다. 오미자차는 끓이지 않아도 되는 것이 특징이다.

⊙ 항균 및 살균 작용이 있는 **무 꿀차**

무는 항균 작용이 뛰어난 식품으로, 꿀과 함께 섭취하면 살균 작용까지도 기대할 수 있다. 감기에 효과가 있으며, 목의 통증을 가라앉히는 데도 효과가 좋다.

🍴 **Recipe**

- 무를 껍질째 1cm 크기로 썰어서 그릇에 담고 무가 잠길 만큼 꿀을 넣어 밀봉한다. 서늘하고 그늘진 곳에 2~3일 정도 두었다가 무의 수분이 빠져 나오면 체로 걸러낸다. 뜨거운 물에 적당량 타서 하루 3회 차로 마신다.

◉ 초기 감기를 잡아주는 **유자차**

유자는 초기 감기 증상을 완화하는 데 도움이 되는 대표적인 식품으로, 목의 통증을 가라앉히는 데도 좋다. 비타민 C가 풍부해 피로 회복에도 효과가 있다.

🍴 **Recipe**

- 유자와 설탕을 1:1 비율로 준비한다. 유자를 깨끗이 씻은 뒤 2~3mm 크기로 얇게 저며 설탕을 켜켜이 뿌리며 잰다. 다 쟀으면 꼭 눌러 공기를 빼고 위에 설탕을 듬뿍 뿌린다. 상온에서 하루 정도 재웠다가 밀봉하여 냉장고에 보관한다. 이렇게 만든 유자청을 적당량 덜어 팔팔 끓여 한 김 식힌 물에 타서 마신다. 물이 너무 뜨거우면 쓴 맛이 우러나니 주의한다. 설탕이 부담스러우면 꿀을 사용하는 것도 괜찮다.

◉ 목에 뭉친 열을 풀어주는 **박하차**

박하는 머리를 맑게 하고 집중력을 높여주는 향신채다. 《동의보감》에는 박하가 감기, 두통, 두풍 등을 치료한다고 되어 있다. 목에 열이 뭉쳐 있을 때 사용하면 효능이 있다.

🍴 Recipe

- 물 1L에 말린 박하잎 10g을 넣고 20분 정도 중불에 끓인 다음 마신다. 상쾌한 향 때문에 아이들도 부담 없이 잘 마신다.

⊙ 기침과 천식을 완화하는 **산약차**

산약은 참마를 말려 약재로 만든 것을 말한다. 산약은 기침, 천식 등을 치료하는 데 도움이 되며, 어린이들의 허약 체질을 개선하는 데도 효험이 있다. 죽으로 끓여 수시로 먹어도 좋고, 차로 마시는 것도 좋다.

🍴 Recipe

- 물 1L에 생 산약 20g을 넣고 중불로 물의 양이 반이 될 때까지 달인 후 천천히 조금씩 나누어 마신다.

목이 가장 좋아하는 선물, 물

건조한 환절기에는 목을 촉촉하게 하는 수분 공급이 가장 좋은 약이다. 물은 감기로 인한 열을 내리고 기관지 점막을 촉촉하게 유지해 염증을 가라앉힐 뿐 아니라, 가래 배출도 원활하게 한다. 어린이들은 성인에 비해 신진대사가 활발하기 때문에 특히 물을 많이 마시는 것이 좋다. 하루 6컵 이상, 속이 비었을 때마다 틈틈이 마시게 한다.

⊙ 눈 뜨자마자 냉수 2잔

아침 잠자리에서 일어나면 물 2잔을 천천히 마신다. 이때의 물은 10도 이하의 차가운 물이 좋고, 끓인 물보다는 생수가 좋다. 물은 밤새 건조해진 목에 수분을 주고, 이완되어 있던 위장과 대장의 움직임을 자극해 변비 해소에도 도움을 준다.

⊙ 갈증에는 음료수보다 물이 좋다

목이 마르면 아이들은 으레 탄산음료나 주스를 찾는다. 그러나 물 외의 음료수는 오히려 우리 몸에서 수분을 빼앗아 목과 몸을 더 건조하게 만든다. 몸이 물을 원할 때는 다른 음료로 대신하지 말고 순수한 물을 마시는 습관을 길러주는 것이 중요하다.

⊙ 식사 중 적당한 물은 소화에 도움이 된다

식사 중 한두 잔의 물은 소화를 돕는다. 물이 위액을 묽게 해서 소화를 방해한다는 속설 때문에, 식사 중에 물을 절대 마시지 않는 사람들이 있는데, 그것은 1L 이상의 많은 양을 마셨을 때나 해당되는 이야기다. 한두 잔의 물은 오히려 위장의 연동 운동을 촉진시켜 소화를 돕는다.

⊙ 하루 종일 조금씩, 자주 마신다

물을 한꺼번에 너무 많이 마시면 식욕을 떨어뜨리기도 하고, 혈액 속의 나트륨을 희석시켜 정상적인 신체 기능을 방해할 수도 있다. 또한 위가 늘어지기 때문에, 소화불량과 함께 속이 더부룩한 증세가 나타날 수도 있다. 물은 30분이나 1시간마다 한 모금씩, 그리고 매 식사 전에 1컵씩 마시면 좋다. 그 외의 시간에는 공복 시 30분마다

1/4컵씩 마시는 것이 좋다. 특히 소화력이 약한 어린이나 위장이 나쁜 사람은 조금씩, 자주, 천천히 마시는 것이 좋다. 물 1컵을 3분에 걸쳐 나눠 마시는 정도면 가장 좋다.

Part 6
피부

뽀얗고 맑은 어린이들의 피부는 언제나 사랑스럽다. 하지만 성장하면서 상당수가 겪는 가벼운 가려움증에서부터 피가 나도록 긁어도 해결되지 않는 아토피까지, 어린이들에게 일어날 수 있는 피부 트러블은 상당히 많다. 특히 어린이의 피부는 어른에 비해 얇고 연약해서 외부 자극에 민감하기 때문에 철저한 관리가 필요하다. 청결과 보습 등 기본적인 관리는 물론, 먹고 입고 자는 환경에까지 세심한 관심을 기울여야 한다.

엄마가 알아야 할 어린이 피부의 특징

의학적으로 '피부'라 하면 손톱과 발톱, 머리카락에서부터 피하 지방까지 포함하는 거대한 조직을 일컫는다. 우리 몸을 둘러싸고 있는 가장 큰 장기가 바로 피부인 것이다. 피부는 수분과 단백질, 혈액, 기타 중요 물질이 신체 내부에서 외부로 빠져나가는 것을 막는 동시에, 신체에 가해지는 외부의 자극과 손상으로부터 신체를 보호한다. 연령, 성별, 신체 부위에 따라 차이가 있긴 하지만 평균적인 피부 두께는 1.44mm다. 어린이의 경우, 피부 무게가 체중의 15%를 차지할 정도로 비중이 크다.

어린이의 피부를 건강하게 관리하기 위해서는 우선 어린이 피부의 특징을 잘 알고 있어야 한다. 어린이 피부는 어른 피부에 비해 매우 연약하다. 무엇보다 아이들의 피부는 두께가 얇다. 어린이의 피부가 부드러운 것도 이 때문이다. 하지만 표피가 얇은 만큼 외부 자극에 민감해, 변화하거나 손상되기 쉽다.

또한 피부 보습을 위해 생성되는 피부 보습인자 생성 능력이 약하여 피부가 쉽게 건조해진다. 많은 부모들이 아이의 피부를 청결하게 유지하기 위해 겨울철에도 매일 목욕을 시키는데, 너무 자주 씻으면 피부 건조증이나 습진과 같은 탈이 나기도 한다.

또 땀샘과 기름샘 등의 기능도 어른에 비해 떨어지고, 조절 기능 역시 미성숙하다. 땀띠 같은 땀샘 관련 질환이 어린이들에게서 주로 나타나는 것도 이 때문이다. 대신 어린이 피부는 탄력성이 좋고, 상처를 입었을 때 재생력이 매우 뛰어나다.

피부는 환경의 영향을 민감하게 받아들인다. 어른과 마찬가지로 어린이 피부도 여름이면 자외선을, 겨울철에는 건조와 추위를 걱정해야 한다. 특히 겨울은 어른 피부에게도 큰 문제가 될 정도로 피부 건조가 심각해지는 계절인 만큼, 어른에 비해 연약한 피부를 가진 어린이의 경우엔 피부 관리에 각별히 신경을 써야 한다. .

겨울철 어린이 피부 건강에서 가장 중요한 것은 충분한 보습이다. 앞서 얘기한 것처럼, 매일 목욕을 반복하면 피부 보습인자가 떨어져 나가 피부가 쉽게 건조해지고, 습진 등의 피부 질환이 발생할 수 있다. 따라서 목욕할 때 아이를 물속에서 오래 놀게 하는 것도 좋지 않다. 씻을 때는 가급적 물로만 씻고, 비누는 순한 것을 쓰도록 한다. 목욕을 마친 뒤에는 3분 이내에 반드시 보습제를 발라줘야 한다. 겨울철에는 가능한 한 유분이 풍부한 크림 형태의 보습제를 쓰는 것이 좋고, 여름에는 끈적임이 적은 로션 타입의 보습제를 사용하는 것이 좋다.

특히 아토피 피부염을 앓고 있는 아이들은 보습에 더욱 신경을 써야 한다. 피부가 건조하면 아토피와 가려움증이 더욱 심해지기 때문이다. 증상에 따라 기능이 강화된 전문 제품을 사용하는 것이 좋겠지만, 아토피가 심한 부위에는 오히려 보습제가 부담이 될 수도 있다. 특히 상처 부위에는 로션 대신 연고 등의 약을 발라주어야 한다.

남녀노소를 불문하고 건강한 피부는 많은 이들의 부러움을 사는 아름다움의 기준이 된다. 피부는 일시적으로 신경 쓴다고 해서 좋아지지 않는다. 끊임없는 관심과 사랑이 필요한 부위다. 아이가 부모의 사랑과 관심을 먹고 자라듯, 아이의 피부 역시 깊은 사랑과 관심을 필요로 한다. 평생토록 건강하고 아름다운 우리 아이의 피부를 위해서는 지속적인 관심과 노력이 필요하다.

# 수면 장애와 집중력 저하를 유발하는 피부 가려움증

초등학교 1학년인 쌍둥이 형제 민주와 민하는 시간만 나면 몸을 긁는다. 특히 형 민주는 하루 종일 몸 이곳저곳을 긁고 있어, 보기에도 안 좋고 건강도 염려스러운 상황이다. 이들 형제의 가려움증은 여름이 되면 더욱 심해지는데, 밤잠을 설치는 날도 적지 않을 정도다. 민주와 민하의 어머니는 처음에는 아토피인가 싶어 병원에도 다녀보고, 목욕탕에 데리고 가서 때를 밀어보기도 했지만 별 도움이 안 되었다. 동네 피부과에도 가보았지만, 한창 크는 때는 그럴 수도 있으니 곧 나아질 거라는 말만 들었다.

이들 형제는 피부가 유난히 건조하기도 했지만, 음식에 대한 알레르기도 많았다. 하지만 발진이나 두드러기 등이 없어, 아이들의 어머니는 알레르기를 전혀 의심하지 않았다. 최근에는 꾸준한 한방 치료로 상당히 호전된 상태인데, 민주와 민하 어머니는 요즘 아이들 식탁에도 정성을 기울이고 있다.

상당수의 아이들이 성장하면서 가려움증을 겪는다. 발진이나 두드러기, 아토피 등의 증상이 나타난다면 오히려 치료가 수월할 수도 있다. 민주와 민하 형제처럼 특정한 증상 없이 건조해 보이기만 해서는 질병을 의심하기 어려워 방치되는 경우가 많기 때문이다. 게다가 피부를 청결하게 한다고 이런 아이들을 자주 씻기게 되면 피부 상태는 더욱 악화된다.

성장기 아이들이 피부 가려움증을 겪게 되면 숙면을 취하지 못해 성장에 방해를 받게 된다. 가려운 몸을 긁느라 깊이 잠들지 못하고 자주 뒤척이며, 한밤중에 깨어나서 우는 경우도 많다. 그런데 아이들의 성장에 직접적인 영향을 미치는 성장 호르몬은 수면 중에 가장 많이 분비되고, 특히 밤 10시에서 새벽 2시 사이에 가장 활발하게 분비된다. 때문에 성장기 어린이들에게 충분한 숙면은 필수적이다.

수면 부족은 아이들의 성장을 둔화시킬 뿐 아니라 성격 형성에도 영향을 준다. 수면이 부족한 아이들은 쉽게 우울해하고 작은 스트레스에도 지나치게 예민한 반응을 보인다. 나아가 집중력이 떨어져 산만해질 수도 있다. 이러한 변화들은 만성적인 불안으로까지 이어져 아이를 민감하고 참을성 없는 신경질적인 사람으로 만드는 요인이 되기도 한다.

긁는 행동은 아이들에게 피해 의식과 정서적 상처를 안겨주기도 한다. 특히 한창 외모에 관심이 많고 친구들과의 정서적 교류를 중시하는 사춘기 때는 긁는 행동 때문에 친구들의 놀림을 사기도 한다. 심지어 아토피성 피부염을 앓고 있는 아이들은 정서적 불안과 스트레스, 긴장, 좌절, 분노, 질투 등의 감정 표현을 가려움과 긁는 것으로 표출하는 경향까지 있다. 특히 아토피 피부염은 성장하면 자연스럽게 치유되는 질병이 아니기 때문에, 외형적인 상처까지 남을 수 있다.

가려움증을 해소하기 위해서는 무엇보다 보습이 중요하다. 평소 물을 많이 마시게 하고, 실내 습도를 적절히 유지해주며, 씻은 후에는 반드시 보습제를 듬뿍 발라 피부를 보호해주어야 한다. 또한 원인을 찾아 해소해주어야 근본적인 치료가 가능하다. 알레르기 반응 검사를 통해 알레르기 요인을 찾아내서 멀리하도록 하고, 면역을 강화해 아토피 피부염을 완화해야 한다.

나아가 항상 부드러운 순면 옷을 입고, 몸에 꼭 끼는 옷이나 스타킹은 피하도록 한다. 또 세탁 시 세제 찌꺼기가 남지 않도록 충분히 헹궈주어야 하며, 표백제 또한 사용하지 않는 것이 좋다. 또 땀이 나면 가려움증이 심해질 수 있으니, 적당한 온도와 습도를 유지해 땀을 흘리지 않도록 하는 것이 좋다.

 어린이들에게 가장 흔한 피부병, 아토피

보도에 따르면, 2008년 아토피 피부염과 천식, 알레르기성 비염 등의 환경성 질환으로 진료를 받은 사람은 715만 3,737명으로, 2004년에 비해 4년 사이 무려 100만 명 이상 증가했다고 한다. 이 가운데 아토피 피부염을 앓는 19세 이하 아동 청소년은 77만 8,276명에 이른다. 2004년 이후 계속 감소 추세에 있다가 2007년부터 다시 증가세를 보이고 있다. 이 중 아토피를 앓고 있는 19세 이하 아동 청소년은 전체 아토피 환자의 71.6%를 차지할 정도로 심각한 것으로 드러났다. 아동 청소년이 총인구의 24%를 차지한다는 점을 감안하면 매우 높은 수치다.

요즘은 아이가 좀 긁기만 해도 '아토피 아냐?' 하며 덜컥 겁을 먹는 부모들이 많다. 그만큼 일상적인 증상이 되어버린 것이다.

하지만 사실 아토피는 단순한 피부염 증상이 아니라 일종의 알레르기 체질을 가리키는 말이다. 즉 아토피 증상은 피부뿐만 아니라 다른 곳에서도 나타날 수 있는데, 피부 증상으로 나타난 경우 아토피 피부염이라 부르는 것이다. 아토피 피부염 환자의 50% 이상이 성장하면서 천식과 알레르기성 비염을 경험하게 된다. 이 또한 넓은 의미에서의 아토피 증상인 셈이다.

아토피는 그리스어로 '비정상적인 반응'이라는 뜻을 가지고 있으며, '면역글로불린E' 등 인체 내 면역 물질이 과다 분비되어 발생하는 알레르기 질환이다. 《동의보감》은 아토피 피부염, 두드러기, 접촉성 피부염 등의 각종 피부 질환에 대해 태열, 은진, 내선, 선창 등의 용어를 사용해 설명하고 있다. 알레르기와 관련된 한의학적 이론의 근간은 '기氣'이다. 생명 활동과 발육은 기의 작용과 영향에 의한 것이라고 보며, 기가 면역 작용을 담당한다고 판단한다.

사람의 몸에 특정 병원체나 항원이 침입한다고 해서 100% 증상이 나타나는 것은 아니다. 개인의 체질이나 건강 상태 등에 따라 인체의 저항력이 약해지거나 기가 약할 경우 알레르기 질환이 나타나는 것이다. 아토피 피부염 역시 같은 맥락에서 해석할 수 있다. 선천적으로 알레르기 요인을 갖고 있다 하더라도 환경적으로 자극을 받지 않으면 알레르기 반응이 나타나지 않는다. 역으로 알레르기 요인을 갖고 있지 않은 사람은 알레르기를 일으킬 수 있는 환경에 노출되어도 반응을 보이지 않는다.

흔히 아토피는 어머니가 임신 중에 파, 마늘, 부추, 생강, 겨자 등 더운 성질의 맵고 자극성 있는 음식물을 많이 섭취했거나, 아버지가 평소 불에 구운 고기를 즐겨 먹었을 때 나타나는 것으로 알려져 있다. 알레르기 요인이 태아의 체내에 잠재해 있다가 출생 후 외부적 자극인 한寒, 열熱, 습濕 등으로 인해 몸의 태열 기운이 피부로 나타나는 것이다.

잘 알려져 있듯, 아토피 피부염의 대표적인 증상은 심한 가려움증이다. 가려움증 외에 피부 건조와 발진, 진물, 부스럼, 인비늘비늘 같은 껍질이 있는 피부 등도 나타날 수 있다. 여기에 기관지 천식, 기관지염, 알레르기성 비염, 결막염, 중이염, 눈부심, 구토, 설사, 변비 등의 증상도 동반될 수 있다.

또, 시기별로도 제각각 다르게 나타난다. 유아기에는 흔히 태열이라고 하여, 생후 2~6개월 사이에 나타날 수 있다. 1~3%의 유아에게서 나타나는데, 양 뺨에 불그레하게 부푼 반점으로 시작해 얼굴과 머리 등에 붉은 반점과 물집, 딱지 등이 생겨 몸 전체로 퍼지기도 한다. 선조들은 아이가 자라 제 발로 흙을 밟을 때가 되면 이런 증상은 저절로 없어진다고 했다. 실제로 태열 증상은 대부분 2세 경부터 없어지며, 음식물에 대한 과민 반응도 줄어들게 된다.

4세에서 10세 사이에 나타나는 소아형 아토피 피부염은 피부가 건조하고, 가려움증이 발작적으로 심해지는 모습을 보인다. 얼굴, 목, 팔꿈치 안쪽, 무릎 뒤쪽 등에 잘 생긴다. 피부를 계속 긁다 보면 상처가 남고, 피부가 가죽처럼 두꺼워지기도 한다.

12세 이후에도 지속되는 성인형 아토피는 천식이나 알레르기성 비염과 함께 나타나는 경우가 많다. 피부 건조증과 가려움증이 심해지고, 팔이나 다리의 접히는 부위, 이마, 목, 눈 주위에 두꺼운 습진 형태로 많이 나타난다.

아토피성 피부염은 일반적으로 유전적인 영향을 많이 받는 것으로 알려져 있고, 개인의 체질에 따라 증상 차이는 있으나, 대개 겨울철에 악화되었다가 봄철이 되면 호전되는 경향을 보인다. 하지만 그 원인이 정확히 규명되어 있는 것은 아니다. 유전 외에도 건조한 피부, 정상인에 비해 쉽게 피부 가려움증을 느끼는 특성, 세균·바이러스·곰팡이 등에 의한 감염, 정서적 요인, 환경적 요인 등이 서로 복합적으로 작용하여 발생하는 것으로 보고 있다.

어릴 때 아토피를 앓게 되면 성장이나 대인 관계 형성에 문제가 생길 뿐 아니라, 주의가 산만해지고 학습에까지 지장이 생겨 성적도 떨어질 수 있으니 조기 치료가 필요하다. 또 아토피는 쉽사리 사라지거나 자연 치유되는 것이 아니다. 치료를 받아 잠시 호전되었다고 치료를 중단했다가는 다시 악화되는 일이 반복될 수도 있다. 아토피를 치료하기 위해서는 개인의 체질과 환경을 개선하는 노력이 필수적이다.

아토피를 치료하려면 의식주를 통째로 바꿔라

아토피 피부염은 체질적인 원인이 많은 비중을 차지하는데, 이러한 체질은 주로 유전적인 요인과 환경적인 영향에 의해 발생하는 것으로 보인다. 때문에 아토피 피부염을 치료할 때, 아토피를 일으키는 환경을 그대로 둔 채 피부염만 치료하는 것은 문제를 제대로 해결하는 것이라고 할 수 없다. 치료가 되었다고 하더라도, 아토피에 좋지 않은 식생활이나 생활 습관 등이 유지된다면 언제든 다시 재발할 수 있기 때문이다. 아이의 모든 생활 환경을 한꺼번에 바꿔주기는 힘들겠지만, 하나하나 차근히 바꿔 나가려는 노력이 중요하다.

⊙ 식사 일지를 써라

아토피가 아닌 다른 피부염의 경우에도 대개는 치료를 위해 음식을 가려 먹어야 한다. 맞지 않는 음식은 가급적 피하고, 알레르기가 있는 식품이 있으면 대체 식품을 찾아야 한다. 이를 위해서는 어떤 음식에 반응을 보이는지를 정확히 알아내는 것이 중요하다.

이때 활용할 만한 것이 식사 일지다. 식사 일지는 말 그대로 그날그날 먹은 음식을 적는 것이다. 매일매일 아이에게 어떤 음식을 줬는지, 재료와 조리법 등을 간단히 적는다. 또 그와 병행하여 아이의 증상이 어떻게 달라지고 있는지 기록해두면, 알레르기를 유발하는 음식과 증상을 호전시키는 음식을 찾을 수 있다.

⊙ 집안 공기를 바꿔라

아토피 피부염은 가려움증이 대표적인 증상이므로 집안 공기가 건조해지지 않게 해주는 것이 중요하다. 실내 온도가 너무 높으면 피부가 쉽게 건조해진다. 하지만 반대로 너무 낮아도 가려움증을 유발할 수 있다. 아토피의 경우 실내 적정 온도는 20~24℃, 습도는 50~60%다. 사람의 몸은 온도가 올라가면 정기가 밖으로 빠져나가게 되는데, 이것이 반복되면 정기가 약해지고 면역력 역시 떨어진다. 따라서 얇은 옷을 여러 벌 겹쳐 입어, 수시로 입었다 벗었다 하며 체온을 조절할 수 있도록 한다.

또한 쾌적한 실내 환경을 유지하기 위해서는 환기가 중요하다. 기온이 낮은 겨울이라고 해서 창문을 꼭꼭 닫아두면 오히려 면역력을 떨어뜨릴 수 있다. 수시로 환기를 시켜 신선한 공기로 집안을 채우는 것이 좋다. 또 환기 후에는 반드시 바닥을 청소하여 실내에 미세 먼지가 쌓이지 않도록 해야 한다.

이밖에 실내에 숯을 두어 공기 중의 유해 물질을 제거하거나, 산세베리아나 벤자민 같은 공기 정화 기능이 있는 식물을 키우는 것도 도움이 된다.

⊙ 면 소재의 단순한 옷을 입혀라

아토피성 피부는 자극에 민감하기 때문에 몸에 닿는 옷과 이불 등의 위생 관리에 특히 신경을 써야 한다. 아이의 옷은 통기성과 흡수성이 좋고 부드러운 옷감으로 된 것이어야 하며, 품이 넉넉해야 땀이 차도 체온의 과도한 상승을 억제하여 아토피가 악화되는 것을 막을 수 있다.

이불 역시 울이나 오리털 같은 소재보다는 면 소재가 좋으며, 가급적이면 부드럽고 얇은 것을 선택하도록 한다. 세탁이나 일광소독이 어려운 침대나 매트리스는 사용하지 않는 것이 좋고, 꼭 사용해야 한다면 집먼지진드기 방지용 특수 커버를 사용하는 것이 좋다.

아이의 옷을 세탁하는 데도 주의를 기울여야 한다. 가능하면 옷은 삶아서 입히고, 그게 어렵다면 햇볕에 자주 말리는 것이 좋다. 빨래를 소금물에 담갔다가 세탁하면 표백 효과를 얻을 수 있으니 가급적 표백제는 사용하지 않는 것이 좋다. 각종 섬유 유연제 또한 암모니아와 알데히드 류 등의 독성이 있어 오래 사용하면 눈과 호흡기에 자극을 주는 등 부작용이 있을 수 있으니 민감한 아이들 옷에는 가급적 사용하지 않는 것이 좋다.

소아 여드름 방치하면 성인기까지 계속된다

수정이는 소아 여드름 때문에 한의원을 찾았다. 피부과에서 여드름이라는 진단을 받은 수정 어머니는 '이제 아홉 살인데 무슨 여드름?' 하는 생각을 하면서도 여드름 부위가 점점 넓어지자 근본적인 치료가 필요하다고 판단하고 병원을 찾은 것이다.

비단 수정이만의 이야기가 아니다. 주로 사춘기 청소년에게 많이 생겨 청춘의 상징으로 불리던 여드름이 요즘에는 초등학교 저학년에서 30~40대 성인까지 그 대상을 가리지 않고 나타난다. 특히 최근 눈에 띄는 점은 12세 이하 초등학생 여드름 환자가 급증하고 있다는 것이다. 그 숫자가 1996년 2.4%였던 것이 2001년 2.6%, 2006년 7.5%로 10년 사이 3배 이상 급증했다. 청소년이나 성인 환자군과 비교해봐도 현저히 빠른 증가 추세다.

이렇듯 소아 여드름 환자가 늘어나는 현상에 대해, 전문의들은 점차 빨라지고 있는 어린이 성장을 원인으로 보고 있다. 여드름은 안드로겐이라는 호르몬이 피지선을 자극하여 과잉 분비된 피지가 모낭 내의 죽은 세포와 뒤엉켜 모낭 입구를 막으면서 발생한다. 이 자리에 세균이 번식해 화농을 일으키는 것이다. 불규칙한 식사, 수면 부족, 과중한 업무나 학업, 스트레스 등이 여드름 유발에 직접적인 영향을 끼치는 것으로 알려지고 있다.

여드름에는 음식 섭취도 큰 영향을 미친다. 흔히 여드름에는 지방이 많은 식품이 좋지 않을 것이라고 생각한다. 하지만 실제로는 혈당지수(GI지수)와 혈당부하지수(GL지수)가 높은 음식물이 더 많은 영향을 끼친다. 이런 지수가 높은 음식물은 혈당 수치를 올려 남성 호르몬을 왕성하게 해 여드름을 악화시키기 때문이다. GI나 GL지수가 높은 음식으로는 식빵, 베이글, 국수, 튀김과 같은 밀가루 음식이 있다.

물론 기름기 많은 음식도 조심해야 한다. 맵고 자극적인 음식과 인스턴트 식품도 피해야 할 품목들이다. 피자, 치킨, 라면은 여드름의 3대 적이라 불릴 정도로 아주 해롭다. 이런 음식들 대신 두부, 녹황색 채소류, 버섯류, 대구, 도미, 해초류, 허브티 등 양질의 신선 식품을 꾸준히 먹으면 증상이 호전될 수 있다.

이처럼 여드름은 생활 습관과 식습관을 전반적으로 바꿔야 좋아진다. 아이가 항상 숙면을 취하고, 스트레스를 받지 않게 하는 일도 중요하다. 또 일단 여드름이 발생한 뒤에는 조기에 조치를 취하는 일이 무엇보다 중요하다. 10세 미만에 생긴 여드름이 성인기까지 계속되면, 건강하고 아름다운 피부는 요원한 일이 되고 만다는 것을 기억해야 한다.

또한 이미 여드름이 생겼다면, 일단 화장품 등 모공을 막을 수 있는 모든 물질의 사용을 중단해야 한다. 너무 자주 씻는 것도 피부 상태를 악화시킬 수 있다. 비누나 항균 작용을 가진 세정제로 하루 2번 가량 깨끗이 씻는 것이 좋다.

얼굴에 직접 팩을 해주는 것도 도움이 될 수 있다. 따뜻한 물과 밀가루를 넣은 송진가루팩이나 녹두가루와 밀가루를 섞은 녹두팩, 밤의 속껍질을 갈아 만든 율피팩 등이 여드름에 효과가 있다. 증상이 심할 때는 감초 우려낸 물을 얼굴에 발라주면 염증 해독에 탁월한 효능을 보이며, 피부도 부드러워진다.

아토피 피부염에 대한 한방적 치료법

서양 의학의 아토피 치료로는 피부에 드러난 증상을 일시적으로 호전시킬 수는 있지만 근본적인 치료를 기대하기는 어렵다. 또한 피부염을 치료하기 위해 사용하는 스테로이드 등의 약물 부작용이 심각한 것도 간과하기 어려운 것이 현실이다. 한방에서는 아토피를 체질적인 허약과 잘못된 생활 습관 및 음식물의 섭취로 인해 생긴 습열濕熱이 피부로 발병하여 발생한다고 본다. 따라서 기혈 순환을 원활하게 하고 체내에 쌓인 독소를 제거하는 데 중점을 두고 치료하게 된다.

◉ **한약 요법**

아토피는 개인 체질에 따른 증상 변화가 심하기 때문에 우선 체질을 파악하고 개별 증상에 따른 맞춤 한약 처방을 해야 한다. 인체의 상부, 즉 얼굴을 중심으로 목이나 가슴, 등에 아토피 증상이 집중된 경우에는 열을 내려주고 음陰을 보충해주는 청상보음淸上補陰의 치료를 시행한다. 이와 반대로 배꼽을 중심으로 하복부와 허벅지, 다리 뒤쪽으로 아토피 증상이 심한 경우에는 하체에 내재된 습열濕熱을 제거하는 양혈윤부자음凉血潤膚滋陰의 치료가 시행된다. 그리고 몸 전체에 증상이 있는 경우에는 두 가지 치료법을 병행하여 치료한다.

◉ 외용 요법

아토피 피부염으로 인해 손상된 피부나 그와 관련된 경혈에 직접 시술하는 치료법이다. 침과 뜸, 부항, 약침, 기타 다양한 물리치료법 등과 피부에 직접 바르는 상처 회복제와 보습제, 소독제 등 약물 조치, 붕대 요법, 테이핑 요법, 자석 요법 등을 모두 포함한다. 질환 상태에 따라 피부 증상을 빠른 시간 안에 해결하기 위해 이 중 몇 가지를 동시에 사용하기도 한다.

대표적인 치료법으로는 순수 한약으로 보습과 치료를 동시에 병행할 수 있도록 조제된 신비고를 비롯, 로션과 크림 등 외용연고제를 피부에 마사지하듯 바르는 방법이 있다. 이들 처방은 증상에 따라 3단계로 나누어 사용하면서, 환자들이 호소하는 가려움증이나 발진, 진물이나 발적 등의 고통을 빠른 시간 내에 해결해준다.

또 진맥과 문진 및 기혈 순환 검사 후 침과 뜸 치료를 통해 개인에 따른 오장 육부의 편차를 조정하여, 기운이 강한 곳과 약한 곳이 조화를 이룰 수 있도록 하는 치료가 진행된다.

◉ 음식 요법

한방에서는 음식이 아토피와 밀접한 관련이 있다고 보고 있다. 때문에 음식 요법은 아토피의 증상을 완화하고 치료하는 데 매우 중요한 치료법이다. 대부분의 아토피 환자들은 인체 기능과 피부 기능 등이 많이 떨어져 있다. 때문에 음식 섭취를 잘못 하게 되면, 일반인의 경우보다 훨씬 치명적으로 작용할 수 있다. 음식 요법에서는 환자의 체질을 정확히 진단하여, 체질과 병증의 상태에 맞는 체질식을 섭취하도록 제안한다.

◉ 목욕 요법

아토피 치료에 사용되는 목욕 요법으로는 온열 요법과 수(水)치료법이 있다. 온열 요법은 더운 열기로 기혈의 정체를 풀어주고 땀 배출을 촉진하는 방법이다. 반면 수치료법은 온수와 냉수를 이용하여 피부와 근육 조직을 부드럽게 이완하거나 염증을 억제하는 방법이다. 각질이나 피부 상처 회복에 효능이 있으며, 특히 온수 치료에는 다양한 약재를 첨가하여 효능을 높이기도 한다.

⊙ 운동 요법

운동 요법은 인체가 자발적으로 땀을 흘려 몸안에 쌓인 독소를 자연스럽게 배출할 수 있게 하는 치료법이다. 스스로 몸을 움직이는 규칙적인 운동 과정을 통해 자연스럽게 내장에서 피부까지의 기혈 순환을 촉진하는 원리를 활용한 방법이다. 아토피 환자들에게는 주로 달리기, 에어로빅, 줄넘기, 등산, 단전호흡, 태극권 등을 권한다. 하지만 오랫동안 아토피에 시달려온 아이들은 대부분 체력이 약해진 상태이므로 처음부터 무리한 운동은 피하는 것이 좋다.

 # 피부에 탄력과 윤기를 더하는 경락 마사지

엄마가 손으로 아이의 피부를 쓸어 부드럽게 자극하고 관련 혈자리를 지그시 눌러주면, 아이에게 심리적 안정감을 부여하면서 아토피 증상을 완화하는 효과가 있다. 지압은 기가 원활하게 순환할 수 있도록 인체의 경혈점을 자극하는 것으로, 내장 기관의 기능을 향상시키고 면역 체계를 바로잡아준다.

얼굴에 나타난 증상을 완화하는 마사지

얼굴 위주로 증상이 나타나는 유아기 아토피는 특히 양쪽 뺨에 심하게 발생한다. 이럴 때는 위장 경락이나 위와 연관된 경혈을 자극해서 기혈 순환을 원활하게 해주면 도움이 된다.

◉ 명치 마사지

명치 아래쪽 심와부를 시계 방향으로 부드럽게 자극해준다. 명치에는 위장이 자리하고 있어, 이 지점에 적절한 자극을 주면 위장 운동이 활발해진다.

◉ 족삼리 마사지

족삼리는 위장 경락의 기가 합쳐지는 곳이다. 손을 펴서 무릎 밑에 대고, 바깥쪽 두 힘줄 사이의 우묵한 곳을 자극한다.

◉ 대포혈 마사지

겨드랑이에서 5cm 정도 아래에서 중앙쪽 부근을 엄지손가락 끝부분으로 지그시 눌러준다. 천식에도 효과가 있다.

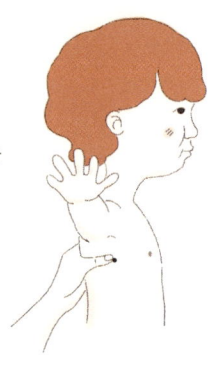

팔꿈치와 무릎 오금의 증상을 완화하는 마사지

만 2세부터 6세가 되면 주로 팔꿈치나 무릎 뒤쪽의 오금에 피부염 증상이 심하게 나타난다. 팔꿈치와 무릎은 오장의 기 흐름이 바깥으로 많이 드러나는 곳이므로, 오장 육부 기의 흐름을 돕는 지압을 해주면 증상을 완화시킬 수 있다.

⊙ 팔 경락 마사지

팔 경락은 중부-척택혈-소상혈 순으로 부드럽게 마사지한다. 중부는 쇄골 바깥쪽으로 상완과 연결되는 1cm 아래에 있고, 척택혈은 손바닥을 위로 향한 상태에서 팔꿈치 주름진 안쪽 부분, 소상혈은 엄지손가락 손톱 안쪽 끝 부분이다.

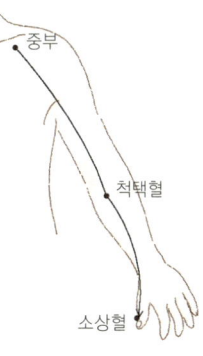

⊙ 다리 경락 마사지

다리 경락은 용천혈-위중-승부 순으로 만져준다. 용천혈은 발바닥 앞쪽의 움푹 들어간 곳이고, 위중은 무릎 뒤쪽에 접하는 부분의 중앙, 마지막으로 승부는 엉덩이와 허벅지가 만나는 주름진 부분의 가운데 지점이다. 이 부위를 차례로 자극해주면 신장과 방광의 경혈이 자극된다.

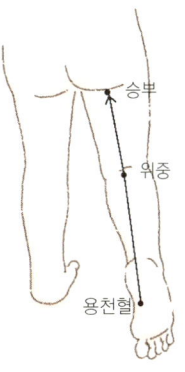

가볍게 눌러주기만 해도
아토피에 효과가 있는 혈자리들

⊙ 백회

머리 정수리의 꼭대기 부분. 이곳을 양 엄지손가락으로 누른다. 비염이나 변비 치료에도 효과가 있는 혈자리다.

⊙ 태계

발목 안쪽의 복숭아뼈 바로 뒤 움푹 들어간 곳. 두드러기가 자주 생기는 아이들이라면 평소에도 이 자리를 자주 지압해주는 것이 좋다. 기미나 주근깨 완화, 부기 해소에도 도움이 된다.

⊙ 태충

엄지발가락과 검지발가락의 뼈가 발등 쪽에서 만나는 지점. 이곳을 엄지손가락으로 다섯 번 정도 눌러준다. 설사 예방에도 좋은 혈자리로, 여름에 해주면 더욱 좋다.

◉ 합곡

엄지손가락과 검지손가락이 만나는 뼈 부분에 오목하게 들어간 곳을 눌러준다. 소화 촉진과 설사 예방에도 효과를 발휘한다.

◉ 대추

앞으로 고개를 숙였을 때 목뼈가 가장 많이 튀어나오는 부분 바로 아래. 습진과 두드러기에 좋다.

가려움과 스트레스를 씻어내는 한방 목욕

증세가 심하지 않고 가끔 가려움증을 보이는 정도의 가벼운 아토피 피부염이라면 일상에서도 충분히 관리가 가능하다. 그 중에서도 천연 입욕제를 이용한 한방 목욕은 가정에서 손쉽게, 최상의 효과를 낼 수 있는 치료법이다.

◉ 목욕물은 연수 처리된 것으로

목욕물은 정수된 것이나 연수 처리된 것을 쓰도록 한다. 연수기는 수돗물의 금속 성분을 제거해주기 때문에 아토피가 없는 사람들도 평상시 목욕이나 세안에 사용하면 좋다. 또 욕조에 녹차 티백을 몇 개 띄워주는 것도 피부의 진정과 항균 작용에 도움이 된다.

⊙ 목욕물 온도는 미지근하게

더운물이 가득한 욕조 안에 몸을 오래 담그고 있으면 피부 보습 성분이 씻겨나가기 때문에 좋지 않다. 아토피 환자들은 미지근한 물로 간단히 씻는 것이 좋다. 욕실 안의 더운 열기만으로도 가려움증이 생길 수 있으니 욕실 문을 살짝 열어 놓고 환기를 시키며 씻는 것이 좋다. 또 목욕 후 시원한 물로 헹구어 몸의 열기를 식혀내면 목욕 후에 생길 수 있는 가려움증을 예방하는 데 도움이 된다.

⊙ 하루에 한두 번, 한 번에 5~10분

목욕 시간은 5분에서 10분 사이로, 회수는 보통 하루에 한 번에서 두 번까지로 제한한다. 물론 땀이 많은 체질이거나 여름철일 경우에는 여러 번 샤워하는 것도 좋다. 그러나 이 경우엔 물로만 간단하게 해줘야 보습층 파괴를 예방할 수 있다. 또 땀이 났을 때 샤워할 여건이 못 된다면 부분적으로라도 물로 씻어내는 것이 좋다. 땀이나 세균, 이물질 등이 피부에 오래 남아 있게 되면 피부를 자극하여 아토피 증상이 심해질 수 있기 때문이다.

⊙ 비누는 주 2회 아토피 전용 제품으로

아토피가 있다면 비누 사용은 되도록 자제하는 것이 좋다. 거품을 내는 성분인 계면활성제가 피부 보습층을 파괴하기 때문이다. 하지만 아토피 환자들은 피부 손상 정도에 따라 2차 감염이 생길 수 있으므로 피부를 청결하게 유지하는 것도 중요하다. 평소에는 물로만 목욕을 하다가 1주일에 2회 정도는 저자극성의 아토피 전용 제품을 사용하여 씻도록 한다.

⊙ 천연 입욕제 희석한 물로 목욕하기

천연 입욕제는 아토피의 증상을 개선시키는 데 탁월한 효능을 보인다. 입욕제의 효과를 높이기 위해서는 먼저 재료를 약한 불에서 20~30분 정도 우려낸 다음 목욕물에 붓고 섞어준다. 사용 직전에 1회분씩 우려내어 쓰는 것이 좋지만, 번거롭다면 한번에 많은 양을 우려내 냉장 보관했다가 써도 괜찮다. 보통 1회에 원재료 3~5g 정도를 우려내며, 냉장고에서 일주일 정도 보관이 가능하다. 입욕제로는 감초, 갈근, 녹차, 루이보스티 등이 활용된다.

감초는 항균 작용과 항알레르기 작용, 진정 작용이 뛰어나며 피부 재생에도 효과가 있다. 말린 칡인 갈근은 피부의 열을 내리고 땀을 내주며 발진을 진정시킨다. 특히 해독 기능이 뛰어나 피부의 노폐물과 독소들을 쉽게 배출하도록 돕는다. 또 루이보스티는 아토피의 원인 중 하나인 활성 산소를 제거하고, 녹차는 항염 작용을 해 가려움증을 다스린다.

⊙ 각질 제거는 손바닥으로 부드럽게

목욕할 때 때수건 사용은 금물이다. 때수건은 피부를 손상시켜 건조하게 만들기 때문이다. 민감한 피부는 손바닥으로 부드럽게 밀어주는 것이 가장 안전하다. 목욕 후에는 세정제가 피부에 남지 않도록 꼼꼼히 여러 번 헹구고, 마지막에는 약간 시원한 물로 헹궈 피부를 진정시킨다.

⊙ 목욕보다 중요한 보습

목욕이 끝난 뒤에는 면 수건으로 가볍게 눌러 물기를 닦아주고, 3분 이내에 보습제를 바른다. 그러나 따뜻한 물로 샤워한 뒤에 바로 보습제를 바르면 열이 피부 표면으로 빠져 나가지 못하여 얼굴이 붉어지거나 가려움증의 원인이 될 수 있다. 항상 시원한 물로 마무리 헹굼을 하고, 열이 식은 후 보습제를 사용해야 한다. 또 진물이나 상처가 있는 부위는 보습제를 바르지 말고 외용 연고를 발라 감염을 치료하도록 한다.

아토피 잡아주는 통쾌한 한방 건강 식품

아토피는 음식 섭취가 매우 중요한 질환이다. 밀가루 음식과 기름진 음식, 인스턴트 식품 등은 절대 금해야 하며, 과일과 채소를 충분히 섭취하도록 한다. 특히 우유, 달걀, 닭고기, 돼지고기, 생선 등 알레르기를 유발하는 식품은 대개 제한된다. 하지만 개인의 체질이나 증상에 따라 차이가 있으므로 무조건 금하는 것은 아니다. 또 모든 식품에는 대체 식품으로 대신할 수 없는 고유의 영양소가 함유되어 있으므로 조금씩 먹어보며 증상의 변화를 확인하는 것이 좋다.

◉ 피부에 비타민을 공급하는 **과일과 채소**

과일과 채소에는 양질의 수분이 다량 함유되어 있으며 비타민이 풍부해 피부를 건강하게 만들어준다. 특히 브로콜리는 비타민 A가 풍부해 피부를 건강하게 하고 저항력을 길러주는 것으로 널리 알려져 있는 식품이다. 암 예방에도 효과가 있다.

⊙ 면역력을 키워주는 **발효 식품**

된장과 청국장, 신 김치 같은 발효 식품은 면역력을 높이는 데 탁월한 효능을 보인다. 특히 발효 식품 속에 들어 있는 유산균은 병원균이 장내에 붙는 것을 막고 창자에서 항균 물질이 분비되도록 촉진하는 효과가 있다.

⊙ 가려움증에 도움이 되는 **영지버섯**

영지버섯 달인 물을 차게 식혀서 가려운 부위에 바르거나 마시면 좋다.

⊙ 갈증과 허약 체질에 좋은 **맥문동**

맥문동은 더위와 땀으로 부족해진 음기를 회복시키는 효과가 있다. 입이 마르고 물을 자주 찾는 아이 등 몸이 허약한 아이에게 먹이면 좋다.

⊙ 소염 작용이 탁월한 **우엉**

우엉은 소염, 항암 작용이 있어 아토피에 효과가 있으며, 신장 기능을 돕기도 한다. 섬유질이 풍부해 배설 작용을 돕기 때문에 변비 해소에도 효과가 있다. 단, 소화력이 약한 아이에게는 권하지 않는다.

⊙ 피부에 윤기를 부여하는 **잣**

잣은 피부를 윤기 있게 만들어주며 만성 변비에도 효과를 발휘한다. 특히 피부가 건조하고 허약한 아이에게 좋다. 가볍게 볶아 간식으로 먹여도 좋고, 각종 차에 두세 알씩 띄워 먹이는 것도 좋은 방법이다. 그러나 평소 변이 묽은 아이에게는 먹이지 않는 것이 좋다.

피부를 촉촉하고 매끄럽게 가꿔주는 한방 차

아토피 피부염을 앓고 있는 아이라면 하루 한 번, 약보다 좋은 한방 약차를 마시는 습관을 들이도록 한다. 결명자차, 우롱차 등을 물 대신 마시면 열을 내리고 몸속에 쌓인 노폐물을 배출하는 데 효과가 있다. 여름엔 차게, 겨울엔 따뜻하게 마시다 보면 자연스럽게 가려움증을 완화하고 아토피 피부염도 진정시킬 수 있다.

◉ 피부를 윤기 있게 가꿔주는 **맥문동차**

맥문동은 성질이 차서 폐를 건강하게 해주며, 심장의 열을 내리고 신경을 안정시키는 효과가 있는 것으로 알려져 있다. 또한 피부를 윤기 있게 가꿔주기 때문에 아토피 피부염에 특효가 있다.

🍴 **Recipe**

- 맥문동 10g에 물 6컵을 붓고 30분 정도 달인다. 이 차를 차게 식혀 하루 2~3회, 한번에 100ml씩 마시게 한다.

⊙ 몸의 열을 내려주는 **국화차**

국화잎은 몸의 열을 내려주는 성질을 갖고 있어, 열독 때문에 생긴 아토피 피부염을 완화해준다. 국화를 그늘에서 말린 뒤 습기 없는 곳에 매달아놓고 사용한다.

🍴 **Recipe**

- 국화잎 20g에 물 1L를 붓고 끓여 하루에 2~3회 마시게 한다.
- 말린 국화꽃에 꿀을 넣고 밀봉해 두었다가 3~4일이 지난 뒤 따뜻한 물에 타서 마신다.
- 국화꽃 우린 물을 피부염 부위에 발라주는 것도 효과가 있다.

⊙ 몸속의 독소를 배출해주는 **칡차**

칡차는 몸속에 쌓인 독을 없애주고 몸을 따뜻하게 해주는 성질이 있어 아토피 피부염을 예방해준다. 칡뿌리를 끓여 차로 마시거나 생칡으로 즙을 내어 복용한다.

🍴 **Recipe**

- 칡뿌리 20g에 물 1L를 부어 30분 정도 달인 다음 하루 2~3회 나누어 마신다.

◉ 가려움을 진정시키는 **감초대추차**

감초에는 피부 가려움을 완화하고 거칠어진 피부를 진정시키는 효과가 있다. 감초대추차를 먹일 때는 돼지고기와 파, 어패류는 함께 먹이지 않는 것이 좋다.

🍴 Recipe

- 물 1L에 살짝 구운 감초 3g과 대추 5개를 넣고 약한 불로 끓여 수시로 마신다.

 ## 아이 피부 특성에 맞는 화장품 고르기

어린이는 외부 자극으로부터 피부를 지켜주는 피지 분비량이 성인의 약 1/3 수준밖에 안 되기 때문에, 외부 자극으로부터 스스로를 보호하기에는 역부족이다. 또 대부분의 시간을 실내에서 보내는 아기들과 달리, 야외 활동이 활발해지는 4~10세 어린이의 피부는 유·수분 손실은 물론 먼지와 공해에 대한 노출, 환경 변화로 인한 스트레스 등 복합적인 영향을 받게 된다. 그렇기 때문에 피부 관리에 더 신경을 써야 한다.

피부가 민감하고 연약한 아이들의 화장품을 고를 때는 가급적 천연 성분으로 만들어진 순한 제품을 선택하도록 한다. 또한 유분과 수분이 균형을 이루고 있어 보습 기능이 좋은지도 잘 따져보아야 한다. 아토피 피부염 여부에 따라 적절한 제품을 골라서 사용하는 것도 중요하다. 유통 기한을 확인하는 것도 중요하다. 피부 관련 제품은 음식물의 유통 기한을 따지듯 철저히 확인해야 한다.

아이가 처음 바르는 보습제는 샘플이나 테스터를 활용해 피부 테스트를 거친 뒤 사용하는 것이 좋다. 테스트를 할 때는 아이의 팔 안쪽에 하루 2~3회 가량 소량을 발라보고 붉어지거나 가려운 증상이 없다면 얼굴에 발라도 된다. 보습제는 하루 3회 이상 바르는 것이 기본이지만, 피부가 건조할 때는 수시로 발라준다.

아이의 피부 타입에 따라 달라지는 성분 선택법

⊙ 민감한 피부

- **좋은 성분**
  ① 캐모마일, 알로에, 콘플라워 : 민감하고 트러블이 심한 피부에 진정 효과가 있다.
  ② 해조 추출물 : 미네랄과 영양소가 풍부해 피부를 윤기 있게 가꿔준다.
  ③ 비타민 K, 비타민 P, 호스트체스트넛 추출물 : 혈관을 강화해준다.

- **나쁜 성분**
  ① 멘톨, 페퍼민트, 유칼립투스 : 피부 진정 및 수렴에 활용되는 성분. 민감한 피부에는 자극이 될 수 있다.

② 레몬, 오렌지, 딸기 추출물 : 강한 산성 성분이 피부에 자극이 될 수 있다.

◉ 지성 피부

- **좋은 성분**

  ① 글리콜린산 : 불필요한 각질을 제거해 수분 흡수율을 증가시킨다.

  ② 티트리, 감초, 징크 옥사이드, 카렌듈라 추출물 : 살균, 항염 효과가 있다.

  ③ 트리클로산 : 박테리아 번식을 억제한다.

- **나쁜 성분**

  ① 코코넛 오일, 시어버터, 바셀린 : 여드름 유발 가능성이 높다.

  ② 옥시벤존, 메톡시시나 메이트 : 자외선 차단 제품에 활용되는 성분. 피부 자극을 유발할 수 있다.

◉ 건성 피부

- **좋은 성분**

  ① 소디움 PCA : 화장품에 널리 사용되는 천연 보습 성분이다.

  ② 콜라겐, 엘라스틴 : 진피를 구성하는 섬유 단백질 성분으로, 피부의 수분 함유율을 높여준다.

  ③ 오트밀 단백질, 콩 추출물 : 피부의 탄력을 증가시킨다.

- 나쁜 성분

  ① 진흙 : 피부 보호에 필요한 피지를 흡착해 피부를 더욱 건조하게 만든다.

  ② 멘톨, 페퍼민트 : 피부 진정 및 수렴 작용을 하는 성분. 피부에 자극을 줄 수 있다.

> **Tip** 어린이 화장품에 절대 들어가서는 안 되는 성분
>
> 어린이용으로 출시되어 있는 제품 중에도 종종 계면활성제와 파라벤, 방부제, 유기색소, 인공 향료와 알코올 등이 함유된 것들이 있다. 이들 성분은 연약한 아이의 피부를 더욱 건조하게 만들고 피부 보호층을 약화시키기 때문에 오히려 피부 상태를 악화시킬 수 있다. 그 외에도 다음과 같은 인공 화합물이 첨가되어 있는 제품은 절대 사용해서는 안 된다.
>
> 트리에타놀아민, 트리이소프로파놀아민, 파라옥시안식향산 에스텔류, 프로프리렌그리콜, 폴리에틸렌그리콜, 지브틸히드록시틀엔, 안식향산, 염화스테아릴트리메틸암모늄, 옥시벤존, 사리틸산, 벤질알콜, 라우릴황산염류, 폴리옥시에틸렌, 파라벤, 미리스틴산 이소프로필, 에데트산염, 색소 옥시벤존, 지브틸히드록시틀엔, 세타놀, 향료 등